Elisabeth Stiefel

KLEINE CHRONIK GROSSER FRAUEN

Elisabeth Stiefel

Kleine Chronik großer Frauen

Aus dem Leben von Anna Magdalena Bach, Margarete Steiff, Selma Lagerlöf und anderen

FRANCKE
Verlag der Francke-Buchhandlung GmbH

Über die Autorin:
Elisabeth Stiefel, Jg. 1958, ist verheiratet und hat vier Kinder. Neben ihrem Job als Hausfrau und Mutter engagiert sie sich seit vielen Jahren in der kirchlichen Frauenarbeit. Sie lebt mit ihrer Familie in Dettingen.

Bibliografische Information Der Deutschen Bibliothek
Die Deutsche Bibliothek verzeichnet diese Publikation in der Deutschen Nationalbibliografie; detaillierte bibliografische Daten sind im Internet über http://dnb.ddb.de abrufbar.

ISBN 3-86122-776-2

35037 Marburg an der Lahn
Umschlaggestaltung: Henri Oetjen, Design Studio Lemgo
Satz: Verlag der Francke-Buchhandlung GmbH
Druck: Oldenbourg Taschenbuch GmbH

www.francke-buch.de

Inhaltsverzeichnis

Vorwort

„Wer auf Gott vertraut, ist wie ein Baum, gepflanzt an Wasserbächen, der seine Frucht bringt zu seiner Zeit“, so beschreibt die Bibel Menschen, die ihr Leben auf Gott gründen. Dieses Vertrauen auf Gott prägte auch die Frauen, die in diesem Buch vorgestellt werden. Ihr Glaube war der Mittelpunkt ihres Lebens, hat sie getragen in guten und in schweren Tagen. Ihr Glaube war der Motor ihres Handelns. Diese Frauen waren Menschen wie wir. Sie erlebten Freude und Leiden, hatten Stärken und Schwächen. Es gab in ihrem Leben Zeiten tiefen Glaubens und Zeiten schwerer Zweifel.

Was mich an diesen Frauen besonders beeindruckt hat: Sie hinterließen mit ihrem Leben Spuren. Es sind Segensspuren, von denen wir heute noch profitieren: Anna Magdalena Bach und Anna Rebecca Claudius unterstützten ihre hoch begabten Ehemänner. Ohne die Hilfe ihrer Ehefrauen wären die Musik Johann Sebastian Bachs und die Texte von Mattias Claudius so nicht zustande gekommen. Am Spielzeug aus dem Hause Steiff haben Millionen Menschen ihre Freude, ebenso an den Büchern von Selma Lagerlöf. Julia von Bodelschwingh wurde zum Segen für viele Behinderte. Helene Schweitzer-Bresslau unterstützte mit all ihren Möglichkeiten den Aufbau des Urwaldkrankenhauses in Lambarene. Elly Heuss-Knapp sah ihre Aufgabe in der Unterstützung der Mütter und gründete das Müttergenesungswerk. Die Skulpturen von Schwester Dorothea Steigerwald geben unzähligen Menschen Trost und Halt.

So wollen diese Frauen uns Vorbild sein, wie Gott Leben segnen kann und wie Menschen dann zum Segen für andere werden können. Ignatius von Loyola formulierte es einmal so: „Die wenigsten Menschen ahnen, was Gott aus ihnen machen könnte, wenn sie sich ihm ganz zur Verfügung stellten."

Die folgenden Seiten sollen helfen, sich mit dem Leben und Glauben der beschriebenen Frauen auseinander zu setzen. Dazu sollen auch die Gedankenanstöße und Impulse am Schluss eines jeden Lebensbildes dienen, die eine Hilfe zur Vorbereitung und Gestaltung von Gesprächsgruppen sind. In Brief- und Tagebuchauszügen kommen die beschriebenen Frauen selbst zu Wort. Diese Zitate können in einer Gesprächsrunde von verschiedenen Personen vorgelesen werden, so dass das Lebensbild lebendiger wird.

Choräle waren zu allen Zeiten für Christen eine große Hilfe in schweren Zeiten und eine Quelle der Freude in guten Tagen. So spielten auch geistliche Lieder und Musik im Leben dieser Frauen eine große Rolle. Daher wurden die Lebensbilder ergänzt durch Choräle, die in einer Gesprächsgruppe gemeinsam gesungen oder auch angehört werden.

„Ich will dich segnen und du sollst ein Segen sein", versprach Gott einst Abraham. Dieses Versprechen gilt bis heute – sowohl den hier beschriebenen Frauen, die für viele zum Segen wurden, wie auch uns, wenn wir uns unter Gottes Segen stellen.

Elisabeth Stiefel

Anna Magdalena Bach (1701-1760)
Gott allein die Ehre

„Mit ihm zu leben und ihn Tag für Tag sehen zu können, das war für mich das höchste Glück“, schrieb Anna Magdalena Bach einst über ihren Ehemann, den großen Komponisten Johann Sebastian Bach. Ihren Ehemann zu unterstützen, zu trösten, aufzumuntern, darin sah sie ihre Lebensaufgabe. Anna Magdalena Bachs Verdienst war es, das große Werk ihres Mannes stets zu fördern. Sie stammte selbst aus einer musikalischen Familie: Ihr Vater, Johann Caspar Wülcken, hatte als Hoftrompeter schon früh für eine gute musikali-

sche Ausbildung der Tochter gesorgt. So sang Anna Magdalena Wülcke mit 19 Jahren als fürstliche Sängerin am Köthener Hof. Johann Sebastian Bach war zu dieser Zeit Hofkapellmeister beim Fürsten Leopold von Anhalt-Köthen. Seit kurzer Zeit verwitwet – seine erste Frau, Maria Barbara, war im Sommer 1720 verstorben –, musste er allein für seine vier kleinen Kinder sorgen.

An einem schönen Frühjahrsmorgen erschien der Hofkapellmeister Johann Sebastian Bach im Hause Wülcken, um sich die Stimme der fürstlichen Sängerin Anna Magdalena Wülcken anzuhören. Anna Magdalena Bach schilderte diese Begegnung später in ihrer Chronik:

Ich stand vor ihm und war so verlegen, dass ich kaum aufzublicken vermochte ... Er kam mir außerordentlich groß vor, körperlich, meine ich, und doch war er es nicht in ungewöhnlichem Maße, er war nur wenig größer als mein Vater. Aber irgendwie wirkte er hoch, groß, breit, kraftvoll, etwas Felsiges ging von ihm aus, und wenn er unter anderen Menschen stand, schien er immer auch körperlich größer zu sein, während doch hauptsächlich sein Herz und sein Geist höher und gewaltiger als der Geist der anderen waren ... Gott hat von je meine Seele der Musik geöffnet und, da ich Sebastian Bach spielen gehört hatte, wusste ich, dass mir kein anderer Mann auf der Welt je etwas würde bedeuten können. Und auch er sagte sich damals (hätte ich nur etwas davon gewusst!): Dieses Mädchen will ich heiraten. Dass ich einwilligen würde, schien ihm durchaus sicher, denn er wusste, dass er alles, was er wirklich wollte, auf dieser Erde durchführte. Bei manchen Gelegenheiten in späteren Jahren ist mir diese seine Zielsicherheit und Beständigkeit oft als Starrsinn vorgekommen.

1721 fand die Verlobung statt, Johann Sebastian führte seine zukünftige Ehefrau in die Familie ein. Anna Magdalena war zu diesem Zeitpunkt zwanzig Jahre alt, 16 Jahre jünger als ihr zukünftiger Ehemann. Dieser brachte vier Kinder in die Ehe. Die älteste Tochter, Katharina, war nur sieben Jahre jünger als die zukünftige Stiefmutter. Über ihren ersten Besuch im Haus der Familie Bach berichtete Anna Magdalena:

An diesen Tag werde ich ewig denken müssen, denn zum ersten Mal zeigte ich mich öffentlich mit meinem Verlobten. Mein blaues Kleid mit den vielen Litzen stand mir sehr gut, und ich empfand mit Entzücken, dass ich ihm gefiel, und von da an bis zu seinem Tod galt mir ein zustimmendes Wort von ihm mehr als alle Reden der Welt. Seine kleinen Kinder standen um uns herum, und ich fühlte zum ersten Male, dass wir eine Familie waren. Seine Familie, das war ihm auch der Inbegriff des Lebens – seine Frau, seine Kinder, sein Haus, das war ihm die ganze Welt.

Am 3. Dezember 1721, neun Wochen nach einer großen öffentlichen Verlobungsfeier, fand eine kleine Hochzeitsfeier im Hause Bach statt.

Anna Magdalena erhielt von ihrem Johann Sebastian als Hochzeitsgabe ein Hochzeitslied:

Ihr Diener, werte Jungfrau Braut,
viel Glück zur heut'gen Freude!
Wer Sie in Ihrem Kränzchen schaut
und schönen Hochzeitskleide,
dem lacht das Herz vor lauter Lust

bei Ihrem Wohlergehen;
was Wunder, wenn mir Mund und Brust
vor Freuden übergehen!

Obwohl eine Hochzeit im Dezember, dazu noch so kurz nach der Verlobung, äußerst unüblich war, hatten sie sich zu diesem Schritt entschlossen. Das Warten wäre den beiden zu schwer gefallen. So hatten sie die Hochzeit, unterstützt von Sebastians Freund, Fürst Leopold, vorgezogen. Der Fürst schenkte Anna Magdalena einen Brautkranz aus Silber, Perlen und Edelsteinen. Da der Fürst selbst acht Tage später Hochzeit hatte, revanchierte sich Johann Sebastian Bach mit einer festlichen Komposition zur Fürstenhochzeit.

Über ihre eigene Hochzeit schrieb Anna Magdalena in ihren Memoiren:

Man sagt, dass der Hochzeitstag der schönste Tag im Leben eines Weibes sei. Gewiss war nie ein Mädchen an jenem Tage so glücklich wie ich. Wer fand aber auch einen Gatten wie meinen Johann Sebastian Bach! Nach jenem Hochzeitstage hatte ich kein Leben mehr als das seine. Ich empfand mich wie einen kleinen Strom, den der Ozean aufgenommen hatte. Ich war aufgegangen und eingehüllt in einem Leben, das tiefer und breiter war, als meins je hätte sein können.

Anna Magdalena führte Sebastian den Haushalt, versorgte seine Kinder, unterstützte und förderte ihn, so gut sie konnte. Viele der Noten, die er niederschrieb, wurden von ihr kopiert. Sebastian gab ihr Klavierunterricht und widmete ihr ein Notenbuch: *„Das Clavierbüchlein für Anna Magdalena Bachin"*.

Die Beziehung zwischen dem Köthener Fürstenhaus und seinem Hofkapellmeister entwickelte sich leider nicht so harmonisch wie erhofft. Die junge Fürstin hatte wenig Interesse an der Musik. So bewarb sich Bach als Kantor an der Thomaskirche in Leipzig. Anna Magdalena und Johann Sebastian wohnten noch in Köthen, als ihnen ihre erste Tochter geschenkt wurde. Noch weitere zwölf Kinder sollten diesem ersten von Anna Magdalena folgen. Dies war für sie eine große Freude und Grund zur Dankbarkeit, keine Last, wie es aus der Entfernung von drei Jahrhunderten zu sein scheint. In ihrer Chronik erzählt sie:

Gottes Segen war bei uns, und er machte mich so fruchtbar wie den Weinstock an der Mauer von meines Gatten Haus. Er schien mir nie so groß und würdevoll, als wenn er am Kopfende des Tisches saß und an der Spitze seiner Söhne und Töchter, seinen geliebten Friedemann (der älteste Sohn von der ersten Frau Maria Barbara) neben sich, während ich an der anderen Seite unser Jüngstes auf dem Schoß hielt und seinen Zähnchen an einer Kruste zum Durchbruch verhalf.

Sieben der dreizehn Kinder überlebten leider das Kindesalter nicht. Die Kindersterblichkeit war zu Beginn des 18. Jahrhunderts hoch. Anna Magdalena trug schwer an dem Leid, immer wieder an einem Kindergrab stehen zu müssen:

Es gab Zeiten, ich will es nur gestehen, wo es mir grausam vorgekommen ist, Kinder nur zu tragen, um sie wieder zu verlieren und Hoffnung und Liebe in den kleinen Gräbern zu verscharren, an denen wir, Sebastian und ich, so oft Hand in Hand schweigend gestanden haben. Aber ich empfand doch immer wieder diese auflehnenden Gefühle als unfromm und versuchte mein Bestes, um sie zu unterdrücken. Meine älteste Tochter Christiane Sophie erlebte nur ein Alter von drei Jahren, und mein zweiter Sohn Christian Gottlieb musste auch in diesem zarten Alter sterben. Ernestus Andres lebte nur wenige Tage, und das nächste Kind Regina Johanna hatte auch ihren fünften Geburtstag noch nicht erlebt, als sie von der Welt scheiden musste. Christina Benedikta, die einen Tag nach dem Kind von Bethlehem das Licht der Welt erblickte, konnte den bitteren Winter nicht ertragen und verließ uns, als das neue Jahr vier Tage alt war. Wie freudevoll war uns zumute gewesen, als unser neues Kind zu Weihnachten auf dieser Erde erscheinen sollte! Und wie trübe sah mich das neue Jahr an, als Sebastian mit Tränen in seinen gütigen Augen zu mir an mein Bett niederkniete und mir sagte, dass uns das Kleine wieder verlassen habe. Christiane Dorothea lebte bloß einen Sommer länger als ein Jahr, und Johann August sah das Licht nur drei Tage. So verloren wir von unseren dreizehn Kindern sieben, und das traf unser Herz schwer. Doch wir sagten uns, dass es die Heimsuchung des Herrn sei, und liebten die Kleinen, die uns verblieben waren, umso mehr.

So oft an einem Kindergrab zu stehen, ist ein unvorstellbar hartes Schicksal. Anna Magdalena und Sebastian fanden Trost in ihrem Glauben und hielten sich felsenfest daran, dass die geliebten Kleinen nun in Gottes Herrlichkeit waren. Wie groß ihr Vertrauen in Gottes Führung trotz all diesem Leid war, kommt in dem Choral von Georg Neumark „*Wer nur den lieben Gott lässt walten*" zum Ausdruck, den Johann Sebastian Bach in einer seiner Kantaten bearbeitet hat:

Wer nur den lieben Gott lässt walten
und hoffet auf ihn allezeit,
den wird er wunderbar erhalten
in aller Not und Traurigkeit.
Wer Gott, dem Allerhöchsten, traut,
der hat auf keinen Sand gebaut.

Was helfen uns die schweren Sorgen,
was hilft uns unser Weh und Ach?
Was hilft es, dass wir alle Morgen
beseufzen unser Ungemach?
Wir machen unser Kreuz und Leid
nur größer durch die Traurigkeit.

Man halte nur ein wenig stille
und sei doch in sich selbst vergnügt,
wie unsers Gottes Gnadenwille,
wie sein Allwissenheit es fügt;
Gott, der uns sich hat auserwählt,
der weiß auch sehr wohl, was uns fehlt.

Denk nicht in deiner Drangsalshitze,
dass du von Gott verlassen seist
und dass ihm der im Schoße sitzet,
der sich mit stetem Glücke speist.
Die Folgezeit verändert viel
und setzet jeglichem sein Ziel.

Sing, bet und geh auf Gottes Wegen,
verricht das Deine nur getreu
und trau des Himmels reichem Segen,
so wird er bei dir werden neu.
Denn welcher seine Zuversicht
auf Gott setzt, den verlässt er nicht. (EKG 369)

Nach der Geburt der ersten Tochter stand 1723 der Umzug nach Leipzig an. Johann Sebastian Bach wurde dort als städtischer Musikdirektor angestellt. Gleichzeitig war er Schulmeister an der Thomasschule und zuständig für die Kirchenmusik. Die Familie Bach hatte eine Dienstwohnung in der Thomasschule. So konnte der Vater direkt von seinem Musikzimmer in den Schulraum gehen. Allerdings drang auch aller Schul- und Probenlärm in die Bach'sche Wohnung, so dass dort kaum noch Ruhe zu finden war. Sebastians Gehalt war mit insgesamt 700 Talern in Leipzig zwar deutlich höher als in Köthen, aber die Stelle als Kantor und Musiklehrer brachte für ihn eine große Einschränkung der persönlichen Freiheit mit sich. War er in Köthen zum großen Teil sein eigener Herr gewesen, so waren er und seine Familie in Leipzig dem freien Kräftespiel einer bürgerlichen Gesellschaft ausgeliefert. Es kam immer wieder zu Spannungen zwischen dem Kantor, dem Rat der Stadt Leipzig und dem jeweiligen Rektor der Thomasschule. Anna Magdalena litt mit ihrem Sebastian mit und versuchte, ihn in schwierigen Situationen zu unterstützten, wo sie nur konnte. Oft versorgte sie zusätzlich zu dem ohnehin großen Haushalt noch viele Schüler ihres Mannes und die zahlreichen Gäste, die den Kontakt zu Bach suchten.

Trotz aller Spannungen waren die Jahre in Leipzig für Bach eine ungemein fruchtbare Zeit. Es entstanden seine großen religiösen Werke sowie eine große Zahl von Kantaten.

Anna Magdalena berichtete:

Sebastian arbeitete so schwer. Er schuf so viele Kantaten und andere Musik, dass selbst ich sie nicht alle behalten konnte – wenn sein Geist nicht von äußerlichen Widerwärtigkeiten geplagt wurde. Wenn er in einen Zwist geriet, konnte er leidenschaftlich zornig werden, und, was schlimmer war, auch außerordentlich hartnäckig sein und den Eigensinn, die Familieneigenschaft der Bachs, in ausgeprägtester Weise zeigen. Ich versuchte hin und wieder, ihn zu überreden, doch nicht so halsstarrig zu sein, aber es war immer nutzlos. Er klopfte mir auf die Schulter – denn nie ließ er seinen Ärger mit anderen an mir aus – und sagte sanft: „Liebes Weib, das ist eine Sache, die geht mich an und nicht dich." Aber natürlich ging sie mich an, und wie könnte es auch anders sein, wenn ich den bösen Einfluss sah, den diese Widerwärtigkeiten auf seinen Frieden hatten?

Wie die Familie Bach mit solchen Widerwärtigkeiten fertig wurde, lässt der Choral *„Befiehl du deine Wege"* in den Worten von Paul Gerhardt erahnen:

Befiehl du deine Wege
und was dein Herze kränkt
der allertreusten Pflege des,
der den Himmel lenkt.
Der Wolken, Luft und Winden gibt

Wege, Lauf und Bahn,
der wird auch Wege finden,
da dein Fuß gehen kann.

Dem Herren musst du trauen,
wenn dir's soll wohl ergeh'n;
auf sein Werk musst du schauen,
wenn dein Werk soll besteh'n.
Mit Sorgen und mit Grämen
und mit selbsteigner Pein
lässt Gott sich gar nichts nehmen,
es muss erbeten sein.

Weg hast du allerwegen,
an Mitteln fehlt dir's nicht;
dein Tun ist lauter Segen,
dein Gang ist lauter Licht;
dein Werk kann niemand hindern,
dein Arbeit darf nicht ruh'n,
wenn du, was deinen Kindern
ersprießlich ist, willst tun. (EKG 361)

Die Familie Bach verstand es aber auch, Feste zu veranstalten. Die Hochzeit der Tochter Elisabeth Juliana Frederica mit Johann Christoph Altnikol, einem Schüler Johann Sebastian Bachs, am 20. Januar 1749 wurde mit großer Freude gefeiert. Am Polterabend führte die Familie Sebastians Frühlingskantate auf.

Anna Magdalena erzählte:

Dieser Brautabend, an dem die ganze Familie versammelt war und die reinste und süßeste Musik gemacht wurde, ... ist festlicher und bräutlicher in meiner Erinnerung geblieben als all die hochzeitlichen Lustbarkeiten am folgenden Tage, so glücklich und freudevoll er auch verlief. Und dann küssten wir unser liebes Kind, und Christoph entführte sie uns durch den Schnee nach Naumburg, wo Gott sie, ehe der Weihnachtstag wieder erschien, mit einem Knaben segnete, den sie, wie es fast unnötig ist zu sagen, Johann Sebastian tauften.

Ab 1740 ließ das Augenlicht von Sebastian immer mehr nach. Anna Magdalena litt mit ihrem Mann mit. Die Angst zu erblinden war für ihn schlimmer als der Gedanke an den Tod. So veranlasste Anna Magdalena im Frühjahr 1750, dass der englische Arzt Taylor eine Augenoperation bei ihrem Mann vornahm.

Sie klagte noch nach Jahren:

Ach Gott, den Schmerz, den ich damals fühlte, fühle ich noch heute. Ich war nicht so ruhig wie Sebastian und weinte, an seinem Bette kniend. Er aber legte die Hand auf mein Haupt und sagte: „Seien wir nicht traurig, dass wir leiden müssen. Es bringt uns näher an unseren Herrn, der für uns alle gelitten hat." Es kam in dieser Zeit trotz aller Qual eine weite, tiefe Heiterkeit über ihn. Der Tod hatte ja nie einen Schrecken für ihn gehabt. Er war ihm immer als die wahre Vollendung seines Lebens erschienen.

Am 28. Juli 1750 verstarb Johann Sebastian Bach nach einem Schlaganfall.

Anna Magdalena verbrachte die letzten zehn Jahre ihres Lebens als Almosenfrau in Leipzig. Nachdem sie von einem Freund gebeten worden war, ihre Lebenserinnerungen schriftlich festzuhalten, schrieb sie die „*Kleine Chronik der Anna Magdalena Bach*". Am 27. Februar 1760 starb sie in Leipzig.

Ich halte nur zwei Frauen im Thüringischen für ganz glücklich, seine Base Maria Barbara Bach, die seine erste Gattin gewesen, und mich selbst, seine zweite Ehefrau. Er liebte uns beide, aber manchmal denke ich lächelnd, er liebte mich noch mehr als Barbara, denn es ist gewiss, er liebte mich durch die Güte der Vorsehung länger ...

So hatte Anna Magdalena Bach in ihrer Chronik einst geschrieben.

Für Anna Magdalena und Johann Sebastian Bach war der Tod stets nur eine Durchgangsstation zu einem unbeschreiblichen ewigen Leben. Diese Gewissheit brachte Johann Sebastian Bach in der Melodie zu dem Choral „*Gloria sei dir gesungen*", zu dem Philip Nicolai den Text geschrieben hat, zum Ausdruck:

Gloria sei dir gesungen
mit Menschen- und mit Engelzungen,
mit Harfen und mit Zimbeln schön.
Von zwölf Perlen sind die Tore,
an deiner Stadt wir steh'n im Chore
der Engel hoch um deinen Thron.
Kein Aug hat je gespürt,
kein Ohr hat mehr gehört

solche Freude.
Des jauchzen wir
und singen dir
das Halleluja für und für. (EKG 535)

Zeittafel

22.09.1701	Anna Magdalena Bach wird in Zeitz geboren
1721	Hochzeit mit Johann Sebastian Bach
1722	Johann Sebastian Bach schreibt das Clavierbüchlein der Anna Magdalena Bach
1723	Anna Magdalenas erstes Kind Christiana Sophia wird geboren. Es folgen noch zwölf weitere Kinder, von denen nur sechs überleben
1723	Umzug nach Leipzig
1725	Johann Sebastian lässt ein Bild von Anna Magdalena malen
1742	Geburt der jüngsten Tochter Regina Susanna
1749	Hochzeit der Tochter Elisabeth Juliana Frederica
1749	Geburt des Enkelsohnes Johann Sebastian
28.07.1750	Tod Johann Sebastian Bachs
27.02.1760	Anna Magdalena Bach stirbt in Leipzig

Gedanken und Gesprächsimpulse zum Leben von Anna Magdalena Bach

„Gott allein die Ehre" war das Grundthema im Leben von Johann Sebastian Bach und seiner Frau, die ihn mit all ihren Möglichkeiten unterstützte. Ihr ganzes Leben, alles, was sie leisteten, all ihre Gaben unterstellten sie diesem Lebensmotto. Daran hielten sie fest, obwohl ihr Leben viel Leid und Not beinhaltete.

„Gott allein die Ehre" – welche Auswirkungen hätte dieses Motto für unser Leben, wenn wir für unsere Arbeit Anerkennung erfahren, wenn etwas gut gelungen ist?

Was würde dieses Motto für uns bedeuten, wenn niemand unsere Arbeit honoriert und unsere Leistung übersehen wird?

„Gott allein die Ehre" – was würde sich in unserem Leben ändern, wenn dies das Grundthema wäre?

Allein Gott in der Höh sei Ehr
und Dank für seine Gnade,
darum, dass nun und nimmermehr
uns rühren kann kein Schade.
Ein Wohlgefallen Gott an uns hat;
nun ist groß Fried ohn' Unterlass,
all Fehd' hat nun ein Ende.
Wir loben, preis'n, anbeten dich;

für deine Ehr wir danken,
dass du, Gott Vater, ewiglich
regierst ohn' alles Wanken.
Ganz ungemessen ist deine Macht,
allzeit geschieht, was du bedacht,
wohl uns solch eines Herren!

(EKG 179, Text von Nikolaus Decius)

Quellen

Willst du dein Herz mir schenken?, Marianne Winterstein, Eugen Salzer Verlag, Heilbronn, 1984

J. S. Bach: Leben und Werk in Daten und Bildern, Klaus Peter Richter, Insel Verlag, Frankfurt, 1985

Bach Almanach, Martin Petzoldt, Evangelische Verlagsanstalt, Leipzig, 2000

Die kleine Chronik der Anna Magdalena Bach, Bertelsmann Lesering, 1957

Anna Rebecca Claudius (1754-1832)
Fröhlich mit Gottes Hilfe

Anna Rebecca Claudius, geborene Behn, wurde 1754 als drittes von sieben Kindern geboren. Ihr Vater, Joachim Friedrich Behn, war Zimmermann. Die Eltern besaßen eine kleine Gastwirtschaft, in der die Kinder früh mithalfen. Jahre später verfasste Matthias Claudius ein Gedicht über die Geburt seiner geliebten Ehefrau:

Frau Rebecca

Wo war ich doch vor dreißig Jahr,
als deine Mutter dich gebar?
Wär ich doch da gewesen!
Gelauert hätt ich an der Tür
auf dein Geschrei, und für und für
gebetet und gelesen.

Und kam's Geschrei – nun marsch hinein.
„Du kleines liebes Mägdelein,
mein Reis'gefährt, willkommen!"
Und hätte dich denn weich und warm
zum ersten Mal in meinen Arm
mit Leib und Seel genommen.

Und hätte dich dann weich und warm
mit Leib und Seel in meinen Arm
zum ersten Mal genommen ...
„Du frommes liebes Mägdelein,
ich hab dich sonst noch nicht gesehn.
Willkommen, bist willkommen!"

Wie bist du, lieber Reis'gefährt,
in deinen Windeln mir so wert!
O werde nicht geringer!
Du, Mutter, lehr das Mägdlein wohl!
Und wenn ich wiederkommen soll;
so pfeif nur auf dem Finger!

Zunächst galt es jedoch für Anna Rebecca, die Dorfschule zu besuchen und die Mutter in der Gastwirtschaft zu unterstützen. Dort lernte Matthias Claudius die Wirtstochter kennen und lieben. Er hatte Theologie und Jura studiert und arbeitete nun als Redakteur des Wandsbeker Boten, einer Zeitschrift mit Nachrichten aus aller Welt, die aber auch erbauliche und literarische Texte zur religiösen Erbauung und Aufklärung der einfachen Leute enthielt.

Im Herbst 1771 hielt der 31-jährige Matthias Claudius bei Vater Behn um die Hand der 18-jährigen Rebecca an. Am 15. März 1772 wurden die engsten Freunde zu einem Beisammensein nach Wandsbek eingeladen. Als alle versammelt waren, erfuhren die erstaunten Gäste, dass sie zu einer Hochzeit geladen waren: Matthias zog den Ehekonsens aus der Schublade, und der anwesende Pfarrer traute Matthias und Rebecca. Anschließend wurde die Hochzeitsgesellschaft in Behns Gasthof von Mutter Behn bewirtet.

Die Freunde waren überrascht von der unerwarteten Eheschließung, aber auch besorgt, hatte doch keiner der Eheleute ein großes Vermögen in die Ehe gebracht. Zudem waren Matthias' berufliche Zukunft und sein Einkommen äußerst unsicher. Zeitlebens waren Rebecca und Matthias Claudius nicht wohlhabend, aber ihr Leben war geprägt von gegenseitiger Liebe und Achtung, Humor und tiefer Frömmigkeit. Sie zogen nach der Hochzeit in ein Mietshäuschen in Wandsbek. Die Möbel hatte Rebeccas Vater selbst hergestellt.

Schon im ersten Ehejahr überschattete Leid das fröhliche Treiben im Hause Claudius. Rebeccas erstes Kind wurde viel zu früh geboren und lebte nur wenige Stunden. Rebecca wurde daraufhin krank und brauchte lange, bis sie sich von diesem Schicksalsschlag erholt hatte.

1774 kam zur großen Freude der Eltern Claudius ihr erstes Töchterchen Maria Caroline Elisabeth zur Welt. Das Töchterchen bereitete dem Ehepaar viel Freude. 1775 wurde die zweite Tochter Christiane Marie Auguste geboren. Die finanzielle Situation der wachsenden Familie wurde immer schwieriger. Rebecca hatte Mühe, für das tägliche Brot der Familie zu sorgen. 1775 wurde Matthias gekündigt. Glücklicherweise hatte er seine Artikel, die er im Wandsbeker Boten veröffentlicht hatte, gesammelt. Diese gab er nun als kleines Büchlein heraus. Von dem Erlös aus dem Absatz dieses Bändchens lebte Familie Claudius nun. Rebecca musste sehr sparsam wirtschaften. Trotzdem war das Haus Claudius für seine Gastfreundschaft bekannt. Ihren Humor ließ sich die Familie nie nehmen, wie folgendes Gedicht anlässlich des ersten Zahnes eines der Kinder zeigt:

Motetto

Viktoria, Viktoria!
Der kleine weiße Zahn ist da.
Du, Mutter! Komm, und groß und klein
im Hause! Kommt, und kuckt hinein
und seht den hellen weißen Schein.

Der Zahn soll Alexander heißen.
Du liebes Kind! Gott halt ihn dir gesund
und geb dir Zähne mehr in deinen kleinen Mund
und immer was dafür zu beißen!

„... und immer was zu beißen“: Für Rebecca war es wahrlich nicht einfach, immer dafür zu sorgen, dass genügend zum „Beißen“ für die Familie vorhanden war.

Ein Freund der Familie, Gottfried Herder, sorgte schließlich dafür, dass Matthias die Stelle eines Oberlandeskommiarius' in Darmstadt angeboten wurde. Der Familie fiel es sehr schwer, ihr geliebtes Wandsbek zu verlassen. Aber der Gedanke an ein geregeltes Einkommen veranlasste sie schließlich doch zum Umzug nach Darmstadt. Den ganzen Hausstand nur mit Hilfe von Kutsche und Pferden umzuziehen war ein Aufwand, den wir uns wohl heute kaum vorstellen können. Aber schließlich zog die Familie 1776 nach Darmstadt.

Rebecca mühte sich redlich, Fuß zu fassen, aber sie fühlte sich doch sehr einsam. Ihr fehlten die Freunde und die Verwandten aus Wandsbek, auch ihren Garten vermisste sie sehr. Matthias konnte sich mit seinen neuen politischen Aufgaben nicht anfreunden. Die Amtspraxis missfiel ihm. So beschlossen Rebecca und Matthias schließlich, wieder zurück nach Wandsbek zu ziehen.

Doch bevor sie den Umzug bewerkstelligen konnten, erkrankte Matthias schwer an einer Brustfellentzündung. Obwohl Rebecca inzwischen wieder schwanger war, pflegte sie ihn aufopferungsvoll. Matthias wurde wieder gesund. Dankbar schrieb Rebecca an ihre Freundin:

Mein Mann ist Gott Lob und Dank außer Gefahr und mir ist das Herz schon ein gut Teil leichter, als es vor acht Tagen war!

Allerdings musste nun der Umzug sehr schnell vonstatten gehen, sollte Rebecca noch vor der Geburt ihres dritten Kindes in Wandsbek einziehen.

Am 21. April 1777 verließ die Reisekutsche mit der Familie Claudius Darmstadt. Nach Zwischenstopps in Frankfurt, Kassel und Hamburg erreichten sie schließlich am 4. Mai Wandsbek. Sie konnten wieder in ihr altes Häuschen einziehen. Im Juni wurde die dritte Tochter geboren, Anna Friedericke Petrine.

Die Familie lebte nun von den Erlösen aus Übersetzungsarbeiten und den Schriften von Matthias. Zusätzlich nahm Rebecca noch einige Pensionäre auf, Jungen, die im Haus mitlebten und von Rebecca und Matthias erzogen und auch unterrichtet wurden. Da diese Zöglinge aus begüterten Häusern stammten, konnte die Haushaltskasse auf diese Weise aufgebessert werden.

1779 brachte Rebecca wieder ein Mädchen zur Welt. Ihr Ehemann hätte sich doch so sehr einen Sohn gewünscht! Sie schrieb an eine Freundin:

Gerade den Tag, als ich an Sie schreiben wollte, um Ihrer Schwiegermutter den Brief mitzugeben, kam mein kleines Mädchen an, flink und rasch ... Einen Jungen habe ich gar nicht vermutet, also mich auch nicht gewundert, als wieder ein Mädchen kam. Ich habe herzlich einen gewünscht, bin aber doch recht fröhlich und danke Gott, dass es so ist, wie es ist. ... Mein Mädchen heißt Augusta Ernestine Wilhelmine."

Wie fröhlich und unbeschwert es im Hause Claudius zuging, zeigt ein Lied, das Matthias „täglich zu singen" empfahl:

Täglich zu singen

Ich danke Gott und freue mich
wie's Kind zur Weihnachtsgabe,
dass ich bin, bin und dass ich dich,
schön menschlich Antlitz, habe.

Dass ich die Sonne, Berg und Meer
und Laub und Gras kann sehen
und abends unterm Sternenheer
und lieben Monde gehen;

ich danke Gott mit Saitenspiel,
dass ich kein König worden;
ich wär geschmeichelt worden viel
und wär vielleicht verdorben.

Auch bet ich ihn von Herzen an,
dass ich auf dieser Erde
nicht bin ein großer reicher Mann
und auch wohl keiner werde.

Und all das Geld und all das Gut
gewährt zwar viele Sachen;
Gesundheit, Schlaf und guten Mut
kann's aber doch nicht machen.

Gott gebe mir nur jeden Tag,
so viel ich darf zum Leben.
Er gibt's dem Sperling auf dem Dach;
wie sollt er's mir nicht geben?

1781 wurde wieder eine Tochter geboren, Johanna Catharina Henriette, und das kleine Häuschen wurde für die große Familie allmählich zu eng. Nachdem ein Gönner von Matthias Claudius der Familie nun jährlich eine Rente von 200 Talern zukommen ließ, konnten sie es wagen, in ein größeres Haus zu ziehen. Endlich hatte die Familie genügend Platz. Ein Obstgarten gehörte ebenfalls zu dem Haus. Sogar eine Kuh wurde ihnen zum Einzug geschenkt. Gemeinsam mit der Ziege Amanda verhalf sie zur täglichen Milchration für die Kinderschar. So hatte Rebeccas Sorgen um das tägliche Brot für ihre große Familie nun ein Ende.

Matthias dichtete 1782 dankbar sein Bauernlied, das auch in unser Evangelisches Gesangbuch aufgenommen wurde:

Wir pflügen und wir streuen den Samen auf das Land,
doch Wachstum und Gedeihen
steht in des Himmels Hand:
Der tut mit leisem Wehen sich mild und heimlich auf
und träuft, wenn heim wir gehen,
Wuchs und Gedeihen auf.

Alle gute Gabe kommt her von Gott, dem Herrn,
drum dankt ihm, dankt,
drum dankt ihm, dankt und hofft auf ihn.

Er sendet Tau und Regen und Sonn- und Mondenschein.
Er wickelt seinen Segen gar zart und künstlich ein
und bringt ihn dann behände in unser Feld und Brot:
Es geht durch unsre Hände, kommt aber her von Gott.

Was nah ist und was ferne, von Gott kommt alles her,
der Strohhalm und die Sterne, der Sperling und das Meer.
Von ihm sind Büsch' und Blätter
und Korn und Obst, von ihm
das schöne Frühlingswetter und Schnee und Ungestüm.

Er lässt die Sonn aufgehen, er stellt des Mondes Lauf;
er lässt die Winde wehen und tut den Himmel auf.
Er schenkt uns so viel Freude, er macht uns frisch und rot;
er gibt den Kühen Weide und unsern Kindern Brot.
(EKG 508)

Die Familie wurde nun immer größer. 1783 wurde Johannes geboren, und die Freude über den lang ersehnten Sohn war groß. 1784 kam Rebecca und 1786 Matthias zur Welt. Der kleine Matthias starb jedoch bereits im Alter von zwei Jahren. Rebecca kam nur schwer über diesen Verlust hinweg und war von dieser Zeit an immer kränklich. Freude und Leid wechselten sich ab im Hause Claudius. Es wurden noch drei Söhne geboren: Fritz 1789, Ernst 1792 und Franz 1794. 1796 starb die zweitälteste Tochter Christiane unerwartet an einem Nervenfieber.

Am 15. März 1797 feierten Matthias und Rebecca Claudius gemeinsam mit ihren neun Kindern im Alter zwischen drei und dreiundzwanzig Jahren ihre Silberhochzeit. Zu diesem Anlass dichtete Matthias für seine Frau ein Lied:

An Frau Rebecca

Ich habe dich geliebet, und ich will dich lieben,
Solang du, goldner Engel, bist;
in diesem wüsten Lande hier und drüben
im Lande, wo es besser ist.

Ich danke dir mein Wohl, mein Glück in diesem Leben.
Ich war wohl klug, dass ich dich fand;
doch ich fand nicht. Gott hat dich mir gegeben;
so segnet keine andre Hand.

Sein Tun ist je und je großmütig und verborgen;
und darum hoff' ich, fromm und blind,
er werde auch für unsre Kinder sorgen,
die unser Schatz und Reichtum sind.

Und werde sie regieren und werde für sie wachen,
sie an sich halten Tag und Nacht,
dass sie wert werden und auch glücklich machen,
wie ihre Mutter glücklich macht.

Uns hat gewogt die Freude, wie es wogt und flutet
im Meer, so weit und breit und hoch! –
Doch manchmal auch hat uns das Herz geblutet,
geblutet ... ach, und blutet noch.

Es gibt in dieser Welt nicht lauter gute Tage,
wir kommen hier zu leiden her;
und jeder Mensch hat seine eigne Plage
und noch sein heimlich Creve-coeur.
Heut aber schlag' ich aus dem Sinn mir alles Trübe,

vergesse allen meinen Schmerz;
und drücke fröhlich dich, mit voller Liebe,
vor Gottes Antlitz an mein Herz.

Allmählich wurde das Haus leerer. Die Kinder verließen eins nach dem anderen die Eltern, um sich ihr eigenes Leben aufzubauen. Rebecca begleitete sie sorgend und betend. An ihren Sohn Fritz schrieb sie 1804 nach überstandener Krankheit:

Gott Lob und Dank! Mein lieber Fritz, dass du so glücklich von dem bösen Scharlachfieber weggekommen bist, ich habe rechte Sorge und Angst deinetwegen gehabt ... Nimm dich doch recht in Acht, lieber Fritz, wenn du wieder einmal so eine Fußreise machst, und nehmet lieber einen Wegweiser mit euch, das wird ja so viel nicht kosten, und es ist doch misslich, so quer waldein zu laufen, ohne Weg und Steg zu wissen. Tue es deshalb nicht wieder ... Der Herbst kommt hier nun schon heran. Lass dir doch eine wollene Unterjacke machen, wenn du keine mehr hast, und kaufe dir wollene Strümpfe, oder soll ich dir welche schicken? Auch darüber schreibe. Ich befehle dich Gott und bin deine treue, dich liebende Mutter.

An die Tochter Anna schrieb sie 1807 nach der Geburt des Enkelkindes:

Jawohl, gottlob, gottlob, meine liebe Anna! Ich bin von Herzen froh, dass es überstanden ist und du über den Berg bist. Wills Gott, dass du beim Empfang dieses Briefes schon außer Bette und sitzest in dem Lehnstuhl und ich säße neben dir und tränke eine Tasse Tee mit dir. Ich will gern, sehr gern Gevatterin sein bei der kleinen Anna ... Ich freue mich, dass du Hühnerbrühe trinkst, iss und trinke brav Hühnerbrühe. Es ist kaum Platz, dich Gott zu befehlen, im Brief nämlich, denn außer dem Brief ist Platz, und ich bin darum nicht verlegen. Deine treue Mutter

Matthias Claudius starb am 21. Januar 1815. Rebecca sah ihre Aufgabe weiterhin in der Unterstützung und Sorge für ihre Kinder und Enkelkinder. Am 26. Juli 1832 starb Rebecca Claudius und wurde neben ihrem Matthias in Wandsbek beerdigt.

Ihre Einstellung zum Leben und zum Sterben wird wohl am besten durch das bekannteste Lied von Matthias Claudius ausgedrückt: „*Der Mond ist aufgegangen*". Dort heißt es im fünften Vers:

Gott, lass dein Heil uns schauen,
auf nichts Vergänglich's trauen,
nicht Eitelkeit uns freu'n;
lass uns einfältig werden
und vor dir her auf Erden
wie Kinder fromm und fröhlich sein.
(EKG 482)

Zeittafel

1754	Rebecca Behn wird geboren
1772	Heirat mit Matthias Claudius
1774	Geburt von Maria Caroline Elisabeth
1775	Geburt von Christiane Marie Auguste
1776	Umzug nach Darmstadt
1777	Rückkehr nach Wandsbek
1777	Geburt von Anna Friederike Petrine
1779	Geburt von Auguste
1781	Geburt von Johanna Catharina Henriette
1783	Geburt von Geburt von Johannes
1784	Geburt von Rebecca
1786	Geburt von Matthias
1788	Tod von Matthias
1789	Geburt von Fritz
1792	Geburt von Ernst
1794	Geburt von Franz
1796	Tod von Christiane
21.01.1815	Tod von Matthias Claudius
26.07.1832	Anna Rebecca Claudius stirbt in Wandsbek

Gedanken und Gesprächsimpulse zum Leben von Anna Rebecca Claudius

Das Leben der Familie Claudius war geprägt von viel Humor und Freude, obwohl die Familie sich materiell sehr einschränken musste. Oft wusste die Mutter nicht, wie sie die große Familie satt bekommen sollte. Trotzdem wird immer wieder von der großen Fröhlichkeit berichtet, die in der Familie herrschte. Die Eltern akzeptierten sich gegenseitig, so verschieden sie waren, unabhängig von der Tatsache, dass die künstlerische Tätigkeit des Vaters oft zu finanziellen Engpässen führte. Matthias Claudius hat den Ursprung dieser Fröhlichkeit im letzten Vers seines Bauernliedes zusammengefasst:

Gott gebe mir nur jeden Tag,
so viel ich brauch zum Leben.
Er gibt's dem Sperling auf dem Dach,
wie sollt er's mir nicht geben?

Wie können wir in unser Leben ein Stück dieser Fröhlichkeit hineinbringen?

Kann die Musik, die im Hause Claudius eine große Rolle spielte, uns dabei eine Hilfe sein?

Welche Liedverse haben uns schon in einer traurigen Situation geholfen?

In seinem „Großen Halleluja" hat Matthias Claudius den Choral „Sollt ich meinem Gott nicht singen?", geschrieben von Paul Gerhardt, mitverwendet. Hier kommt eine

Fröhlichkeit zum Ausdruck, die unabhängig ist von materiellen Engpässen und Äußerlichkeiten:

Sollt ich meinem Gott nicht singen?
Sollt ich ihm nicht dankbar sein?
Denn ich seh in allen Dingen,
wie so gut er's mit mir mein'.
Ist doch nichts als lauter Lieben,
das sein treues Herze regt,
das ohn Ende hebt und trägt,
die in seinem Dienst sich üben.
Alles Ding währt seine Zeit,
Gottes Lieb' in Ewigkeit.

Wie ein Adler sein Gefieder
über seine Jungen streckt,
also hat auch hin und wieder
mich des Höchsten Arm bedeckt,
also bald im Mutterleibe,
da er mir mein Wesen gab
und das Leben, das ich hab
und noch diese Stunde treibe.
Alles Ding währt seine Zeit,
Gottes Lieb' in Ewigkeit.

Weil denn weder Ziel noch Ende
sich in Gottes Liebe find't,
ei, so heb ich meine Hände
zu dir, Vater, als dein Kind.
Bitte, wollst mir Gnade geben,
dich aus aller meiner Macht

zu umfangen Tag und Nacht
hier in meinem ganzen Leben,
bis ich dich nach dieser Zeit
lob und lieb in Ewigkeit.
(EKG 325)

Quellen

Sein Bauermädchen. Ein Lebensbild der Ehegefährtin von Matthias Claudius, Marianne Fleischhack, Christliche Verlagsanstalt Konstanz 1968

Wie sollt ich Gott nicht loben?, Matthias Claudius, Brockhaus Verlag, Wuppertal 1980

Sämtliche Werke, Matthias Claudius, herausgegeben von Hannsludwig Geiger, Emil Vollmer Verlag, München. o. J.

Margarete Steiff (1847-1909)
Was Gott tut, das ist wohl getan

Dieses Buch wurde mir einst geschenkt mit der Weisung, meine Lebensgeschichte darein zu schreiben; endlich komme ich dazu, damit zu beginnen, glaube aber nicht, dass es etwas Rechtes wird, denn schriftstellern ist nicht meine Sache. Ich gebe, was ich kann, und meine Eigenen werden mich schon verstehen. Ich bin geboren am 24. Juli 1847 und erhielt den Namen Apollonia Margarete Steiff. Mit einem Jahr wurde ich von einer Krankheit befallen, nach welcher ich nicht mehr gehen konnte, der linke Fuß war vollständig, der rechte teilweise gelähmt, auch der rechte Arm war sehr geschwächt.

So beginnt Margarete Steiffs Tagebuch, das sie im Alter von 61 Jahren auf Wunsch der Familie schrieb.

Ich gebe, was ich kann – so hatte es Margarete Steiff immer gehalten. Obwohl ihre Zukunft, nachdem sie mit einem Jahr an Kinderlähmung erkrankt war, ohne irgendwelche Mut machenden Perspektiven vor ihr lag, wurde Margarete Steiff mit dieser Lebenseinstellung zur Begründerin einer Weltfirma.

Margarete wuchs in Giengen an der Brenz im Kreis von drei weiteren Geschwistern, zwei älteren Schwestern und einem Bruder, auf. Die Eltern, der Vater war Bauwerkmeister, scheuten keine Mühen, um die kranken Beine Margaretes wieder zu Kräften zu bringen. Erfolglos konsultierte die Mutter alle möglichen Ärzte. Bis nach Ulm ging die Reise. „Nach meiner Meinung ein Fall von Kinderlähmung, einer noch ganz unerforschten Krankheit, ein Mittel gibt es nicht, die Glieder wieder in Tätigkeit zu bringen", erklärte nach ausführlicher Untersuchung schließlich ein Ulmer Spezialist. Enttäuscht fuhren Mutter und Tochter nach dieser mit viel Hoffnung angetretenen Reise wieder zurück ins heimatliche Giengen.

Trotz ihrer Lähmungen konnte Margarete den Schulunterricht besuchen. Die großen Kinder fuhren sie jeden Morgen in die Schule, und auch nachmittags stand ihr Wägelchen vor dem Haus, so dass sie nicht ganz vom Dorfleben und den Spielen der Kinder ausgeschlossen war.

Margarete Steiff erzählte:

Im Frühling war's dann so schön ... in meinem Wägelchen. Da sammelten sich alle Kinder um mich, und ich ordnete Spiele an, wo ich der Mittelpunkt war ... Aber sehr oft kam es auch vor, dass alle davonsprangen, dann unterhielt ich mich mit den ganz kleinen, die meiner Obhut anvertraut waren. Ich hatte immer Platz für zwei oder drei in meinem Wägelchen, und die Frau Nachbar war froh, wenn ich die Kinder hütete.

Als Margarete neun Jahre alt war, hörte ihr Vater von den großen Heilungserfolgen der Kinderheilanstalt von Dr. Werner in Ludwigsburg. Nachdem der städtische Stiftungsrat die Aufenthalts- und Behandlungskosten Margaretes auf Intervention ihres Onkels, der Stadtrat war, übernommen hatte, machten sich Mutter und Tochter voller Hoffnung auf nach Ludwigsburg. Margarete wurde sogar als persönlicher Gast in der Familie des behandelnden Arztes aufgenommen. Die Mutter fuhr voller Zuversicht wieder nach Hause. Margarete fühlte sich in Ludwigsburg ausgesprochen wohl, hatte sie doch hier weit mehr Freiheiten als zu Hause. Dr. Werner entschloss sich zu einer Operation der Beine, leider jedoch ohne Erfolg. Auch der anschließende Kuraufenthalt in Wildbad im Schwarzwald, gemeinsam mit anderen behinderten Kindern, hatte nicht die erhoffte positive Wirkung. Wieder zu Hause, gab sich Margarete viel Mühe, den in der Schule verpassten Stoff wieder aufzuholen. Sie berichtete:

Durch die beiden Sommer, die ich in Ludwigsburg und Wildbad verbrachte, war ich in der Schule zurückgekommen. Nun galt es, die Sprüche und Lieder nachzulernen ... Zu der Zeit war ich von 8 Uhr früh bis abends 5 in den Schulen. Von 11 bis 12 Uhr war Konfirmanden-Unterricht, um 12 Uhr kamen schon wieder die anderen Schüler und brachten mir etwas zu essen. Ich hatte aber nicht das Herz, mein Essen zu genießen, sondern machte mit den anderen Schülern gleich wieder mit im Lernen ... Um 2 Uhr war die Schule aus, dann schleppten mich die Stärksten von meiner Klasse in die Nähschule ... Da konnte man alles lernen: Weiß- und Kleider nähen, Stricken, Häkeln, Sticken und alle Modearbeiten. Es ging nicht nach System und Schablone, aber gelernt wurde und fertig gebracht.

Zur Konfirmation erhielt sie den Denkspruch: „Lass dir an meiner Gnade genügen, denn meine Kraft ist in den Schwachen mächtig." Mit diesem Vers lebte sie, und er prägte ihr Leben.

Stets kämpfte Margarete gegen ihre körperliche Schwäche und fand immer bei ihren Eltern viel Unterstützung. Rückblickend schrieb sie:

Ich bin meiner Mutter von Herzen dankbar, dass sie mich nicht verwöhnte, wie so häufig Mütter ihre leidenden Kinder verwöhnen und verzärteln ... Es wurde natürlich kein Mittel unversucht gelassen, und ich kann mich erinnern, dass meine Mutter öfters mit mir bei auswärtigen Ärzten war.

Die Eltern waren sehr enttäuscht, dass alle Mühe und Anstrengung um Margaretes Gesundheit vergebens war. Margarete jedoch lernte mit ihren körperlichen Einschränkungen zu leben und sie zu akzeptieren:

Das war noch ein langes Suchen nach Heilung, bis ich mir selbst sagte: „Gott hat es für mich so bestimmt, dass ich nicht gehen kann, es muss auch so recht sein." ... Von da an, etwa mit 17 bis 18 Jahren, ließ ich mich durch keine angepriesenen Mittel oder Heilmethoden mehr aufregen, denn das unnütze Suchen nach Heilung lässt den Menschen nicht zur Ruhe kommen.

Die wirtschaftliche Unabhängigkeit war für Margarete ein wichtiges Ziel. 1869 kaufte sie sich eine Nähmaschine, die erste in der Stadt. Da es ihr unmöglich war, mit der schwachen rechten Hand das Rad zu drehen, drehte sie die Nähmaschine einfach um, so dass sie mit der gesunden linken Hand das Rad bedienen konnte. Wie mühsam dieses Unterfangen war, lässt folgender Bericht erahnen:

Meinen beiden Schwestern habe ich viel Kummer gemacht, die waren so fleißig und geschickt, während ich alles verkehrt anfasste. Sie hatten schon die Hoffnung aufgegeben, dass ich je etwas Ordentliches im Nähen fertig brachte, bis mir endlich der Ernst doch gekommen ist. Das Nähen ist mir aber auch sehr schwer gefallen. Der rechte Arm tat mir bei geringer Anstrengung weh und links hatte ich kein Geschick.

Margarete erfüllte sich nun einen lang gehegten Wunsch: Sie lernte Zither spielen und gab sogar darin Unterricht. Ihre Krankheit hinderte sie nicht daran, immer wieder Neues auszuprobieren.

Maria und Pauline, die Schwestern, gingen in Stellung und heirateten nach kurzer Zeit. Margarete blieb allein bei den Eltern zurück. Für sie, die so sehr auf Hilfe und Unterstützung anderer angewiesen war, gab es keine Möglichkeit, eine Familie zu gründen. Auch zu diesem Lebensweg musste Margarete, die Kinder doch so sehr liebte, ein Ja finden. Es galt, eine andere Perspektive für ihr Leben zu finden.

Da die Schneiderwerkstatt sich immer größerer Beliebtheit erfreute, wurden nun Hilfskräfte eingestellt. Nachdem sie zunächst Aussteuer für ihre weitere Verwandtschaft hergestellt hatte, eröffnete Margarete 1877, 30-jährig, ein eigenes Geschäft, in dem Kindermäntel und Frauenunterwäsche aus Filz hergestellt wurden.

Im Dezember 1879 entdeckte Margarete, die sich für ihre Kollektion immer wieder Anregungen aus Modezeitschriften holte, in „Die Modewelt" das Muster eines Elefanten. Ursprünglich war dieser als Nadelkissen gedacht. Margarete fertigte mehrere davon an und verschenkte sie an ihre Neffen und Nichten. Die Stofftiere wurden begeistert aufgenommen. Bald schon kamen Anfragen von anderen Familien nach diesem attraktiven Filztier. Margaretes Bruder Fritz fuhr im darauf folgenden Jahr mit einem Wagen voller Filzelefanten gemeinsam mit Margarete auf den Heidenheimer Weihnachtsmarkt. Die weichen, originellen Tiere waren eine Attraktion. Die Filztiere – es kamen noch Pferde, Esel, Schweine und Kamele dazu – wurden nun zu einem weiteren Standbein von Margaretes Schneiderwerkstatt. 1886 wurden über 5 000 Filzelefanten verkauft, und es kamen immer mehr Tiere dazu.

Die Spielzeugfabrikation musste nun erweitert werden. Es kamen Anfragen aus ganz Deutschland und allmählich auch aus dem Ausland. Die Arbeitsräume im Elternhaus reichten längst nicht mehr aus. Margarete stellte Heimarbeiterinnen an. Ihr Bruder Fritz hatte die Idee, einige der Tiere auch auf einen fahrbaren Untersatz zu stellen, so dass Margarete nun auch Schlosser einstellte. Fritz, der das elterliche Baugeschäft übernommen hatte, war es auch, der mit dem Bau eines Geschäfts- und Wohnhauses für seine Schwester begann. Das Haus bekam eine schräge Zufahrtsrampe in den Oberstock. Margarete Steiff ließ sich jeden Tag mit dem Rollstuhl durch den Betrieb fahren.

Im März 1893 wurde Margaretes Fabrik ins Handelsregister eingetragen. Zu diesem Zeitpunkt zählte das Geschäft vier Arbeiterinnen und zehn Heimarbeiterinnen.

1903 wurde zu einem entscheidenden Jahr für die Firma Steiff. Inzwischen waren alle sechs Neffen Margaretes bei der Firma Steiff beschäftigt. Richard, der in Stuttgart die Kunstakademie besucht hatte, entwarf eines Tages einen zotteligen Bären. Margarete betrachtete ihn skeptisch. Sie war von dem Pelztier nicht überzeugt. Sie konnte sich nicht vorstellen, dass Kinder diesen plumpen Bären lieb haben könnten. Aber ihre Neffen setzten sich durch und nahmen voller Vorfreude einige Exemplare ihres Bären mit auf die Leipziger Spielwarenmesse. Doch die Resonanz war enttäuschend. Niemand interessierte sich für die zotteligen, kuscheligen Gesellen. In letzter Minute jedoch – die Messe war fast schon zu Ende – erschien ein Amerikaner. Als er die Bärchen zu Gesicht bekam, war er begeistert und kaufte sofort die gesamte Kollektion auf und nahm sie mit nach Hause. Die deutschen Bären eroberten den amerikanischen Spielzeugmarkt. Selbst der amerikanische Präsident Theodor Roosevelt war begeistert. Und da Roosevelts Spitzname „Teddy" war, wurden aus den Plüschbären aus dem deutschen Giengen in Amerika kleine „Teddys". Noch im selben Jahr wurden 12 000 Steiffbären verkauft. 1907 wurden bereits 974 000 Teddybären hergestellt. Margarete erlebte den Aufstieg ihrer einstigen Nähstube zu einer Weltfirma.

Bald jedoch musste sie auch eine schwere Krise der Firma Steiff miterleben. Bedingt durch die wirtschaftliche Entwicklung in den USA brach der dortige Spielzeugmarkt ein, die erste Begeisterung für die Teddybären war vorbei. Das Material für die nächste Bärenkollektion war zu diesem Zeitpunkt schon eingekauft und die Firma Steiff kam in wirtschaftliche Schwierigkeiten. Margarete Steiff belastete es schwer, dass Mitarbeiter und Heimarbeiterinnen entlassen werden mussten.

1909 verstarb Margarete Steiff unerwartet an einer Lungenentzündung. Sie wurde unter großer Anteilnahme der Bevölkerung in Giengen beigesetzt. Ihr Leben war geprägt von dem Denkspruch, den ihr der Pfarrer einst bei der Konfirmation zugesprochen hatte: „Lass dir an meiner Gnade genügen, denn meine Kraft ist in den Schwachen mächtig." Wie kaum ein anderer hatte sie diesen Vers in ihrem Leben umgesetzt.

Zeittafel

24.07.1847	Margarete Steiff wird in Giengen an der Brenz geboren
1848	Erkrankung an Kinderlähmung
1856	Krankenhaus- und Kuraufenthalt in Ludwigsburg und Wildbad
1869	Kauf der ersten Nähmaschine
1877	Eröffnung eines Filzkonfektionsgeschäftes
1879	Herstellung des ersten Filztieres, eines Elefanten
1903	Der erste „Teddy" wird hergestellt
09.05.1909	Margarete Steiff stirbt unerwartet an einer Lungenentzündung

Gedanken und Gesprächsimpulse zum Leben von Margarete Steiff

Als Margarete Steiffs Vater einmal wieder sehr bedrückt war, weil er nicht mehr für seine Tochter tun konnte, erklärte ihm diese: „Er", und dabei deutete sie zum Himmel, „er war mir in diesen letzten Wochen auf eine seltene Weise sehr nahe. Er hat mir es klar gemacht: Die kranken Füße sind mir von ihm eigens zugedacht. Solange wir dagegen angehen, werde ich nicht zur Ruhe kommen. Erst wenn ich Ja dazu sage, wird sein Friede zu mir kommen." Dieses Ringen um ein Ja zu ihren Grenzen hat Margarete Steiffs Leben geprägt. Als ihr dieses Ja gelungen war – und dazu gehörte ganz sicher auch zu akzeptieren, dass ihr, die doch Kinder so sehr liebte, ein Leben mit einem Ehepartner und Kindern versagt war –, war sie frei für andere Aufgaben und für ihr Lebenswerk. Dieses Ja zu Gottes Wegen wird in dem Choral „Was Gott tut, das ist wohl getan" in den Worten von Samuel Rodigast beschrieben:

Was Gott tut, das ist wohl getan,
es bleibt gerecht sein Wille;
wie er fängt eine Sache an,
will ich ihm halten stille.
Er ist mein Gott,
der in der Not
wohl weiß zu erhalten;
drum lass ich ihn nur walten.
Was Gott tut, das ist wohl getan,
er wird mich nicht betrügen;

er führet mich auf rechter Bahn;
so lass ich mir genügen
an seiner Huld
und hab Geduld,
er wird mein Unglück wenden,
es steht in seinen Händen.
Was Gott tut, das ist wohl getan,
er ist mein Licht und Leben,
der mir nichts Böses gönnen kann;
ich will mich ihm ergeben
in Freud und Leid,
es kommt die Zeit,
da öffentlich erscheinet,
wie herrlich er es meinet.
(EKG 372)

Zu ihrem Leben passt wohl wie für kein anderes die Bitte:

Gott gebe mir die Gelassenheit,
Dinge hinzunehmen,
die ich nicht ändern kann,
den Mut, Dinge zu ändern,
die ich ändern kann,
und die Weisheit,
eines vom anderen zu unterscheiden.

Für welche Bereich unseres Lebens gilt diese Bitte?

Wo ist es gut und wichtig, Dinge in Gelassenheit hinzunehmen?

Wo ist es nötig, mutig Änderungen in Angriff zu nehmen?

Quellen

Sie fanden den Weg, Martin Haug, Calwer Verlag, Stuttgart 1969

Berühmt – beliebt – behindert – Außerordentliche Frauen im Portrait, Hedwig Kaster-Bieker & Anneliese Mayer, bundes organisationsstelle behinderte frauen, Kassel 2002

Schwäbische Frauenbilder, Diethard H. Klein, Stieglitz Verlag, E. Händle, Mühlacker 1986

Selma Lagerlöf (1858-1940)
Gespannt, was Gott im Leben vorhat

Selma Ottilia Lovisa Lagerlöf wurde am 20. November 1858 in Värmland als Tochter eines Gutsbesitzers geboren. Marbåcka, das elterliche Gut, war einst ein Pfarrhof gewesen. Unter den Vorfahren Selmas befanden sich viele Geistliche. Erst mit der Einheirat von Selmas Großvater in die Familie änderte sich diese Tradition. Daniel Lagerlöf war Regimentsschreiber, sein Sohn, Erik Gustav Lagerlöf – Selmas Vater –, war Gutsverwalter, Steuereinnehmer und Versicherungsagent. Er sammelte und schrieb die värmländischen Sagen auf und legte so den Grundstein für die schriftstellerischen Erfolge der Tochter. Überhaupt hatten Geschichten, Sagen, Volksmärchen und Erzählkunst eine lange Tradition im Hause Lagerlöf. Zwar war das Gut Marbåcka der kleinste und bescheidenste Herrenhof weit und breit, doch Selma liebte ihre Heimat sehr. Sie war das vierte Kind ihrer Eltern, vier Jahre später wurde noch die jüngste Schwester, Gerda, geboren.

In ihren Kindheitserinnerungen beschrieb die Autorin das herrliche Leben auf Marbåcka, geprägt von Liedern und Erzählungen der Großmutter, Musik und Theateraufführungen. Schon früh entstand so ihr Wunsch, einmal Schriftstellerin zu werden. Doch war diese glückliche Kindheit überschattet von einer Lähmung, die Selma Lagerlöf ans Haus fesselte. Sie konnte nicht gehen und musste ständig von einem Kindermädchen getragen werden.

Im Sommer 1863 verbrachte die Familie Lagerlöf einige Wochen an der schwedischen Westküste. Diese Ferien taten der ganzen Familie gut. Selma hatte in diesem Urlaub ein ganz besonderes Erlebnis: Es wurde ihr erlaubt, auf einem weit vor der Küste liegenden Dampfer einen Paradiesvogel anzusehen. Einige Matrosen ruderten die Gäste auf einem Boot zum Dampfer. Ein Matrose trug sie die Strickleiter vom Boot zum Dampfer hinauf. Dort wartete sie einige Zeit auf die anderen Gäste. Schließlich, nachdem ihr wohl die Wartezeit zu lange geworden war, machte sie sich selbstständig auf die Suche nach dem wunderbaren Vogel. Erst im Nachhinein wurde ihr bewusst, dass sie allein, ohne fremde Hilfe, zu dem Paradiesvogel gegangen war! Von nun an konnte sie selbstständig gehen und stehen. Doch ein Hinken blieb zurück. Selma litt zeitlebens unter ihrer Gehbehinderung, empfand sich selbst als unansehnlich, ungelenk und hässlich, obwohl uns viele Fotos der bekannten Schriftstellerin das Gegenteil beweisen.

Als Selma zehn Jahre alt war, kehrte der geliebte Vater mit einer schweren Lungenentzündung von einer Reise zurück. Täglich beteten die Kinder gemeinsam für die Gesundung des Vaters. Nur Selma brachte es nicht über sich, laut für den Vater zu beten. Die ganze Nacht quälte sie sich mit Selbstvorwürfen und Sorgen. So versprach sie Gott, die ganze Bibel durchzulesen, wenn nur der Vater wieder gesund werden würde. Niemandem erzählte sie von ihrem Versprechen, in der Annahme, das ganze Opfer wäre umsonst, wenn sie darüber reden würde. Still ertrug sie das Gespött der großen Brüder, wenn diese sie wieder einmal Bibel lesend in einer Ecke des Gartens antrafen. Erst als sie bei der Offenbarung angekommen war, merkte sie, dass die Mutter ihr Gelübde längst durchschaut hatte. Dem Vater ging es wieder besser, jedoch erholte er sich nie ganz von seiner schweren Krankheit. Lange quälte sie sich damit, dass ihr nicht ganz erfülltes Versprechen daran Schuld wäre.

Im Alter von vierzehn Jahren wurde Selma von den Eltern zur Krankengymnastik einige Monate zu Verwandten nach Stockholm geschickt. Diese Zeit war geprägt von Heimweh und Enttäuschungen. Sie fühlte sich als Kind vom Land in der Großstadt nicht sehr wohl und von den Verwandten trotz allem Bemühen, sich angemessen zu verhalten, nicht akzeptiert. Doch versuchte sie, aus dieser Situation das Beste zu machen. So steht in ihrem Tagebuch:

Wenn ich eine Schriftstellerin werden will, muss ich für alles, was ich erlebe, froh und dankbar sein. Ich muss sogar zufrieden sein, wenn mir etwas Schweres und Widerwärtiges zustößt, sonst kann ich später gar nicht beschreiben, was man fühlt, wenn man unglücklich ist.

So kam Selma gereift und innerlich gewachsen aus Stockholm zurück.

Das Tagebuch der Selma Lagerlöf, das sie in ihren Jugendjahren verfasst hatte, gibt einen Eindruck davon, wie sehr sie bereits als Jugendliche unter der Spannung zwischen Gut und Böse, Schuld und Vergebung, Angst und Vertrauen litt und wie tief ihr Leben geprägt war vom christlichen Glauben. Eines Tages hörte sie zufällig ein Gespräch zwischen ihrem Onkel und einer Bekannten. Während dieses Gespräches stellt diese Bekannte die Existenz Gottes in Frage. Selma wollte in dieser Situation zu ihrem Glauben stehen, aber es gelang ihr nur halbherzig und sie verließ fluchtartig das Zimmer. Sie notierte:

Aber das war sehr feig von mir. Denn ich hätte meinen Glauben an Gott bekennen und mich nicht davonschleichen sollen ... Ich hätte genau wie die alten christlichen Märtyrer Zeugnis ablegen müssen.

Als sie abends ihr Abendgebet sprechen wollte, belastete sie das Erlebte immer noch:

Doch da war mir, als dürfte ich es gar nicht wagen, das Vaterunser zu beten, weil ich doch so furchtbar feig gewesen war. Ich möchte wissen, ob mir Gott je verzeihen oder ob er mich durch viele schwere Unglücksfälle dafür strafen wird.

Drei Wochen später besuchte sie mit ihrem Vetter in Uppsala die große Kathedrale. Sie berichtete:

Im Stillen dachte ich, die Menschen müssen gewiss sehr glücklich gewesen sein, die ihr ganzes Leben lang an einer Kathedrale bauen durften. Ich glaube, das würde ich noch lieber tun als Romane schreiben. Und wie merkwürdig, da hatte ich nun immerfort darauf gewartet, dass Gott mich strafen werde, weil ich damals meinen Glauben nicht bekannt hatte! Wie wenn Gott so kleinlich sein könnte! Nein, diese Angst vor Gott verschwand im selben Augenblick, in dem ich in die Kathedrale hineinkam. Da begriff ich, dass alles, was ich bis jetzt über Gott gedacht hatte, sehr kindlich und einfältig gewesen war ... Noch nie habe ich beim Betreten einer Kirche Gottes Gegenwart so deutlich gefühlt ... Ich hätte da drinnen ganz ruhig stehen bleiben und nur immerfort an Gott denken mögen.

So war Selmas Angst vor einem strengen, strafenden Gott dem Glauben an einen liebenden, barmherzigen Gott gewichen, so wie es der folgende Choral ausdrückt, den Johann Scheffler verfasst hat:

Liebe, die du mich zum Bilde
deiner Gottheit hast gemacht,
Liebe, die du mich so milde
nach dem Fall hast wiederbracht,
Liebe, dir ergeb ich mich,
dein zu bleiben ewiglich.
Liebe, die du mich erkoren,
eh ich noch geschaffen war,

Liebe, die du Mensch geboren
und mir gleich warst ganz und gar:
Liebe, dir ergeb ich mich,
dein zu bleiben ewiglich.
Liebe, die du Kraft und Leben,
Licht und Wahrheit, Geist und Wort,
Liebe, die sich ganz ergeben
mir zum Heil und Seelenhort:
Liebe, dir ergeb ich mich,
dein zu bleiben ewiglich. (EKG 401)

Mit 15 Jahren entdeckte Selma für sich die Dichtkunst. Balladen, Sagenspiele, Sonette und Gedichte zu verfassen war für sie das größte Glück:

Stell dir vor, ... dass du ausgestoßen und freudlos warst und ganz unvermutet einer großen, warmen Liebe begegnest! Stell dir, was du willst, an großem, unerwartetem Glück vor, und du wirst dir doch kein Größeres denken können, als ich es in diesem Augenblick empfand. – Ich habe ja schon lange daran gedacht, Romane und Theaterstücke zu schreiben. Aber das ist nicht so merkwürdig wie Verse zu schreiben, das ist das Hohe und Edle, das ist das Allerwunderbarste ...

Selma dichtete und wartete darauf, entdeckt zu werden. Ab und zu wurde sie bei Familienfesten als Gelegenheitsdichterin engagiert. Bei einer Hochzeit trug sie ein feierliches Gedicht von zwölf Versen vor. Die bekannte Schriftstellerin Eva Fryxell, die auch zu diesem Fest eingeladen war, hörte begeistert diesen Vortrag und ermutigte Selma, ihr die besten Gedichte zu schicken. Sie würde versuchen, diese Werke in einer Zeitung abzudrucken. Wie groß war die Enttäuschung, als Eva Fryxell nach längerer Zeit zurückschrieb, dass sie leider nichts ausrichten konnte. Aber sie ermutigte Selma, sich weiterzubilden und selbstständiger zu werden.

So meldete sie sich zur Ausbildung am Königlichen Höheren Lehrerinnenseminar an. Die Aufnahmeprüfung war nicht einfach, hatte Selma doch bisher immer nur Privatunterricht erhalten. Zudem war sie mit 24 Jahren um einiges älter als die übrigen Prüfungsteilnehmerinnen, und von 49 Bewerberinnen wurden nur 25 aufgenommen. Doch hing für sie so vieles von dieser Ausbildung ab. Sie schrieb:

Ich hoffe und bete, dass ich durchkomme, nicht weil ich genug weiß und kann, sondern weil ich es nötiger brauche als irgendeine andere ... Wenn es mir jetzt misslingt, dann ist es aus mit mir, dann muss ich mir eine kleine Gouvernantenstelle mit ein paar hundert Kronen Lohn suchen, oder ich muss nach Hause zurückfahren und in der Wirtschaft mitarbeiten. Ich muss etwas lernen, sonst kann ich das Ziel meines Lebens nicht erreichen. Ich bin jetzt nicht mehr so kindisch. Ich glaube nicht mehr, dass man etwas werden kann, wenn man nur umhergeht und wünscht und träumt. Ich weiß, dass ich Kenntnisse brauche, um Schriftstellerin werden zu können. Ich weiß auch, dass ich es lernen muss, mir selbst mein Brot zu verdienen, wenn ich nicht ins Elend kommen soll.

Selma bestand die Prüfung und wurde beim Lehrerinnenseminar angenommen. Groß war ihre Freude, endlich selbstständig und unabhängig zu werden, war doch die finanzielle Situation auf Marbåcka für die Eltern immer schwieriger geworden.

1885 trat Selma eine Stelle als Lehrerin an der Höheren Töchterschule in Landskrona in Schonen an. Ein schwerer Schlag war es für sie, als 1987 nach dem Tod des geliebten Vaters das Gut Marbåcka verkauft werden musste. Um wenigstens die Geschichten und Sagen zu retten, die der Vater einst gesammelt und erzählt hatte, brachte Selma diese in vielen Nachtstunden zu Papier.

1890 schrieb die Zeitschrift Idun einen Erzählwettbewerb aus. Ermutigt durch die jüngere Schwester Gerda, die Selmas schriftstellerische Ambitionen immer unterstützt hatte, reichte Selma einige Kapitel aus „Gösta Berlings Saga“ ein. Und tatsächlich: Sie erhielt für ihr Werk den ersten Preis. Der Verlag bot ihr an, den ganzen Roman zu veröffentlichen. „Gösta Berling“, die Geschichte eines streitbaren schwedischen Pfarrers, wurde ein großer Erfolg, und bereits nach zwei Jahren war die erste Auflage vergriffen.

1895 erhielt Selma Lagerlöf vom schwedischen König ein Reisestipendium nach Italien. Nun konnte sie, finanziell unabhängig, ihren Lehrerinnenberuf aufgeben und sich ganz der Schriftstellerei widmen. Gemeinsam mit ihrer Freundin Sophie Elkan trat sie eine mehrmonatige Reise nach Italien an. So erhielt sie viele Anregungen zu ihrem nächsten Buch „Der Antichrist“, in dem sie sich mit antichristlichen Strömungen ihrer Zeit kritisch auseinander setzte.

1897 zog Selma Lagerlöf mit ihrer Mutter nach Falun, wo ihre Schwester Gerda verheiratet war. Dort hörte sie von Bauernfamilien, die Haus und Hof verlassen hatten, um, so die Vorstellung, aus Glaubensgehorsam ins Heilige Land auszuwandern. 1899 unternahm Selma eine Reise nach Ägypten und Palästina. In Jerusalem suchte und fand sie die ausgewanderten schwedischen Landsleute, die dort versuchten, wie die urchristlichen Gemeinden zusammenzuleben. Sie berichtete:

Ich war so froh, als ich hier draußen im Morgenland ihre guten schwedischen Gesichter erblickte und ihre treuherzigen schwedischen Worte hörte, dass mir die Tränen in die Augen traten. Ich habe ihrem schönen Gottesdienst beigewohnt, ... ich habe einige glücklich, geduldig gefunden, und ich brenne vor Sehnsucht, ein Buch über sie zu schreiben.

So entstand der zweiteilige Roman „Jerusalem".

1907 konnte Selma Lagerlöf zu ihrer großen Freude das Gut Marbåcka zurückkaufen, so dass sie von nun an dort die Sommermonate verbringen konnte.

1909 wurde ihr der Nobelpreis für Literatur verliehen. Mit dem Geldbetrag von 170 000 Kronen, mit dem der Preis dotiert war, erfüllt sie sich einen lang gehegten Wunsch: Sie erwarb den landwirtschaftlichen Besitz Marbåckas und renovierte das Herrenhaus.

Nun endlich wurde ihr die Anerkennung zuteil, von der sie bereits in ihrer Kindheit geträumt hatte: Sie wurde als erste Frau in die Schwedische Akademie gewählt und erhielt die Ehrendoktorwürde mehrerer Universitäten. Ihr Weg zur erfolgreichen Schriftstellerin war ein langer, mühsamer, von vielem Verzicht geprägter Weg gewesen. Diese Erfahrungen finden sich häufig auch in ihren Romanfiguren wieder, deren Lebenswege ebenfalls oft nicht einfach sind und über Höhen und Tiefen zum Ziel führen. Selma Lagerlöf forderte nicht nur in ihren Büchern dazu auf, dass die christlichen Tugenden wie Nächstenliebe, Demut und Bamherzigkeit das Leben prägen sollten, sie richtete auch ihr Leben danach aus. So gab ihr die schwedische Schulbehörde den Auftrag, ein Erdkundebuch zu schreiben. Es entstand „Nils Holgersons wunderbare Reise mit den Wildgänsen“: Auf einer fantastischen Reise fliegt der 14-jährige Nils, der zur Strafe in einen Däumling verwandelt worden war, mit Wildgänsen durch ganz Schweden. Nachdem dieses Buch erschienen war, meldete sich ein Waisenjunge gleichen Namens, den sie in ihr Haus aufnahm.

Als 1914 der Erste Weltkrieg ausbrach, setzte Selma Lagerlöf sich mit all ihrem Einfluss für den Frieden ein. Die Sehnsucht nach Frieden war übermächtig. Sie machte Martin Luthers Bitte um Frieden zu ihrer eigenen:

Verleih uns Frieden ewiglich,
Herr Gott, zu unsern Zeiten.
Es ist doch ja kein andrer nicht,
der für uns könnte streiten,
denn du, unser Gott, alleine. (EKG 421)

1925 initiierte der schwedische Erzbischof Nathan Söderblom in Stockholm eine „Weltkonferenz für Praktisches Christentum“, zu dem auch Selma Lagerlöf als bekannte Kriegsgegnerin als Rednerin eingeladen war. Ihre Ansprache war ein großer Aufruf zur Einigkeit:

Einigkeit, ruft uns Gottes Stimme zu: Einigkeit zwischen Reformierten und Lutheranern, Einigkeit zwischen Protes-

tanten und Griechen, Griechen und Katholiken, Einigkeit zwischen Christen und Nichtchristen, Einigkeit, Einigkeit zwischen allen Völkern der Erde!

Mit all ihren Kräften kämpfte Selma Lagerlöf für den Frieden in Europa. In dem Roman „Das Heilige Leben“ versuchte sie ihr Kriegserleben zu verarbeiten. Dort heißt es am Schluss:

Was wissen wir? In ein paar Jahren kann die Erinnerung an den Kummer, an die Schmerzen und Verwüstungen dieses Krieges schon vergessen sein, und wenn dann neue Menschen kommen, können sie wieder frohen und mutigen Herzens in den Kampf hinausziehen. Auf uns kommt es jetzt an, ob wir den Menschen ein Grauen vor dem Krieg einflößen und ob wir ihnen dieses so fest einprägen, dass keine Reden von Ehre und Heldentaten es mehr aus ihrem Herzen verdrängen können.

Wie schwer ihr dieses Buch gefallen sein muss, zeigt ein Textentwurf dazu, der später gefunden wurde. Dort finden sich immer wieder Randbemerkungen: „Guter Gott, hilf Selma Lagerlöf“, „Christus, Jesus, komm und hilf mir, sag, was ich schreiben soll“.

Mit 81 Jahren muss Selma Lagerlöf den Ausbruch des Zweiten Weltkriegs erleben. Damit erfüllte sich, was sie 1918 in ihrem Roman „Das Heilige Leben“ befürchtet hatte: Aller Einsatz für den Frieden war vergeblich gewesen.

Am 16. März 1940 starb Selma Lagerlöf auf ihrem geliebten Gut Marbåcka. Wie bei vielen ihrer Romanfiguren war auch ihr Leben geprägt von Höhen und Tiefen, von schweren Wegen, die ihre Vollendung oft erst über Umwege fanden, aber auch von einem tiefen Glauben an ihren himmlischen Vater. Sie hat es einmal folgendermaßen ausgedrückt:

Man sollte nicht ängstlich fragen:
Was wird und kann noch kommen?
Sondern sagen:
Ich bin gespannt,
was Gott jetzt noch mit mir vorhat.

Zeittafel

20.11.1858	Selma Ottilia Lovisa Lagerlöf wird auf dem Gut Marbåcka in Schweden geboren
1882-1885	Ausbildung am Lehrerinnenseminar in Stockholm
1885-1895	Lehrerin in Landskrona
1887	Verkauf des elterlichen Gutshofes Marbåcka
1890	Selma Lagerlöf erhält für „Gösta Berlings Saga" den ersten Preis im Erzählwettbewerb der Zeitschrift Idun
1891	Der erste Roman „Gösta Berlings Saga" wird veröffentlicht
1895-1896	Reise nach Italien
1897	Übersiedlung mit der Mutter nach Falun
1899-1900	Reise nach Ägypten und Palästina
1901-1902	Roman „Jerusalem"
1907	Ehrendoktorwürde der Universität Uppsala Sie kauft Marbåcka zurück als Sommersitz
1909	Nobelpreis für Literatur
1912	Reise nach Finnland und Russland
1919	Selma Lagerlöf zieht ganz nach Marbåcka
16.03.1940	Selma Lagerlöf stirbt auf dem Gutshof Marbåcka

Gedanken und Gesprächsimpulse zum Leben von Selma Lagerlöf

Ich bin gespannt, was Gott mit mir vorhat. Dieser Satz begleitete Selma Lagerlöfs Lebensweg. So wurde aus dem schüchternen Mädchen, das sich kaum traute, die selbst verfassten Verse vorzulesen, eine erfolgreiche Schriftstellerin. Das Fragen „Gott, was hast du mir vor?" führte aber auch dazu, dass Selma Lagerlöf einem Waisenjungen zum Muttersatz wurde und dass sie sich während und nach dem Krieg engagiert für den Frieden einsetzte. Gott zeigte ihr die Aufgaben, die als Nächstes vor ihr lagen, und führte sie Schritt für Schritt auf den Weg, der ihr Lebensweg war. Dieser Lebensweg war zunächst nicht geprägt von spektakulären Aktionen, sondern von vielen kleinen Schritten.

Welche Schritte liegen als Nächstes vor mir?

Welche Aufgaben gilt es für mich in Angriff zu nehmen?

Kann ich auch so vertrauensvoll sagen: Ich bin gespannt, was Gott mit mir vorhat?

Paul Fleming hat es in einem Choral so ausgedrückt:

In allen meinen Taten
lass ich den Höchsten raten,
der alles kann und hat;
er muss zu allen Dingen,
soll's anders wohl gelingen,
mir selber geben Rat und Tat.
Nichts ist es spät und frühe
um alle meine Mühe,
mein Sorgen ist umsonst;

er mag's mit meinen Sachen
nach seinem Willen machen,
ich stell's in seine Vatergunst.
Ich traue seiner Gnaden,
die mich vor allem Schaden,
vor allem Übel schützt;
leb ich nach seinen Sätzen,
so wird mich nichts verletzen,
was mir ewig nützt.
(EKG 368)

Quellen

Große Frauen der Welt, Georg Popp, Arena Verlag, Würzburg, 1980

Sie fanden den Weg, Martin Haug, Calwer Verlag, Stuttgart 1969

Julia von Bodelschwingh (1874-1954)
Begabt und bereit, Gott zu dienen

„Ich bin, was ich bin, und was ich zu schaffen habe, schreibt mir jede Lebenszeit und jede Lebensform vor", schrieb Julia von Ledebur am Ende ihres Studiums. Und dieser Satz wurde prägend für ihr ganzes Leben.

Julia von Bodelschwingh wurde am 7. Juni 1874 als elftes Kind der Familie von Ledebur geboren. Ihre Eltern besaßen das Gut Crollage bei Minden in Westfalen. Am 14.

Januar 1876 starb ihre Mutter bei der Geburt ihres Bruders. So war Julias Kindheit nicht einfach. Ihre älteste Schwester übernahm nach dem Tod der Mutter mit 18 Jahren die Führung des Haushaltes.

Julia erhielt zunächst Privatunterricht. Später besuchte sie eine höhere Töchterschule in Hannover und wohnte während dieser Zeit bei einer befreundeten Familie in Hannover. Ihre Kindheit war geprägt von einer sehr strengen christlichen Tradition.

Nach ihrer Schulzeit zog sie zurück nach Crollage, um gemeinsam mit ihrer Schwester Marie den alten Vater zu betreuen und den Gutshaushalt zu führen. Zweimal besuchte Julia während dieser Zeit ihre Schwester Helmine, die als Diakonisse in Neuendettelsau lebte. 1894, Julia war 20 Jahre alt, erhielt sie drei Monate lang Malunterricht in Dresden. Aber sie kehrte immer wieder nach Crollage zurück. 1897 begann sie eine Ausbildung als „Freie Hilfsschwester" in der Anstalt Bethel bei Bielefeld, ihrer späteren Wirkungsstätte. Auf Wunsch des Vaters musste sie jedoch wieder nach Crollage zurückkehren und die Ausbildung abbrechen. Am 6. Dezember 1899 starb Julias Vater im Alter von 72 Jahren. Julia hatte ihn bis zum Schluss betreut und dieser Aufgabe ihre eigene Lebensplanung untergeordnet.

Anschließend betreute Julia von März bis Dezember 1900 zwei ältere Damen aus der Verwandtschaft in Potsdam. Dort war auch ihr Lieblingsbruder Albrecht stationiert. Die gemeinsame Zeit mit ihm und seinem Freundeskreis war für sie eine große Bereicherung. Nach dem Tod der beiden Damen wurde ihr eine Stelle als Gesellschafterin der 18-jährigen Tochter einer Gräfin angeboten, diesmal mit Gehalt. Zum ersten Mal in ihrem Leben verließ Julia nun den Kreis der Verwandtschaft. Nachdem im Jahr 1904 diese Aufgabe erfüllt war, stellte sich für Julia, nun inzwischen bereits 30 Jahre alt, immer dringlicher die Frage, wie ihre weitere Zukunft aussehen sollte.

Immer stärker wurde ihr Wunsch, sich wie ihre beiden Schwestern Luise und Marie zur Malerin ausbilden zu lassen. Gemeinsam mit Marie mietete sie sich eine Wohnung in der Nähe von Freiburg, in der beide Schwestern sich der Malerei widmen konnten. Julia fuhr regelmäßig nach Freiburg, um Malstunden zu nehmen. Ihr Leben finanzierte sie aus Ersparnissen und indem sie Tapetenmuster und Stickereivorlagen entwarf.

Im Sommer reiste sie zu Verwandten nach Schlesien und machte unterwegs Halt in Berlin, um nach einer weiteren Ausbildungsmöglichkeit zu suchen. Die Hochschule für Bildende Künste in Berlin ließ zu diesem Zeitpunkt keine weiblichen Studenten zu. Der Maler Franz Skarbina war jedoch bereit, Julia zu unterrichten. Bei Verwandten, eine andere Möglichkeit ließ die angespannte finanzielle Situation nicht zu, fand sie Unterkunft. Marie, die Schwester, blieb in Freiburg, um eine gelähmte Dame, die Hilfe benötigte, zu pflegen. Da Julia davon ausging, dass sie mit ihrer künstlerischen Arbeit einmal auch ihren Unterhalt bestreiten würde, besuchte sie zusätzliche noch die staatliche Kunstgewerbeschule.

Nach einem Jahr zog Marie ebenfalls nach Berlin, und die beiden Schwestern wohnten wieder beisammen. In Berlin lernte Julia den damals bedeutenden Kunsthistoriker und Professor Heinrich Wölfflin kennen. Es entstand eine enge Freundschaft zwischen den beiden.

Während dieser Zeit entfremdete sich Julia immer mehr der Kirche. Sie besuchte keine Gottesdienste mehr. Sie war schockiert über das ihrer Ansicht nach mangelnde soziale Engagement der Kirche und plante sogar, aus der Kirche auszutreten. Julia und Marie unterstützten tatkräftig eine benachbarte Familie mit drei Kindern, die unverschuldet in Not gekommen war. Von diesem Engagement berichtete Julia ihrer Tante:

Man hat viel von diesen tapferen Menschen, die im Schwersten immer Glauben behalten. Dies ist nur eine dieser bedrängten Familien! Wir haben bei all unsern Bemühungen, ihnen von der Gemeinde oder sonst wo Hilfe zukommen zu lassen, leider wieder erfahren, wie unzureichend, missverstehend, wie falsch – also eigentlich gar nicht – Hilfe da ist, bei all den prangenden Einrichtungen.

In einem Brief an ihre Schwester Luise von Bodelschwingh schrieb sie:

Wie gerne ließe man das Malen und träte praktisch gründlich in die Lücke – aber wir müssen doch auch sehen durchzukommen, und all diese Gänge und Wege, ja meist vergeblich, sind teuer für uns, sehr teuer ... Es gehört schon sehr viel Kraft dazu, hier in Berlin diese Bedürfnisse zusammenzubringen. Die Pastoren haben keine Zeit und finden solche Fälle immer noch nicht schlimm genug. Es ist schrecklich, wie nur am Ende erst geholfen wird, wenn eigentlich nicht mehr zu helfen ist. Die Gemeindeschwester brachte einmal ein völlig verschnittenes Kinderkleid und eine Windel, ich glaube, von Pappe.

Ich schreibe dies alles mit der Bitte, es Onkel Friedrich oder Sohn Friedrich vorzutragen; und Nahrung oder Kleider, ohne dass es noch wehtut, abzustoßen. Was du ihnen tust, hast du uns getan. Oder ihr sagt uns noch Menschen, die wir hier anbetteln dürfen.

Fünf Jahre lang lebte Julia in Berlin, und so lange dauerte auch die Freundschaft mit Wölfflin. Nun wollte sie endlich eine Entscheidung, was diese Beziehung betraf. Sie bat den Ehemann ihrer Schwester Adelheid, Gustav von Bodelschwingh, in einem Brief, bei seinem nächsten Besuch Wölfflin einen Besuch abzustatten. Sie schilderte Gustav die Situation:

Ich bilde mir ein, dass ich in der Schule Papa, Mathilde, Marie ein Stück Wartenkönnen gelernt hätte, dass es meiner Natur verhältnismäßig leicht fällt. So meine ich, ist es nicht aus Vergnügungssucht, wenn ich jetzt fordere, ins Leben zu treten ... Wenn ich eine Künstlerin bin, so ist es doch mein Beruf oder Gabe, Gesicht und Gehör für die Dinge und Gesetze zu haben. Entweder bin ich künstlerisch oder nicht. Ich habe es lange genug ablehnen wollen, weil mir die Verantwortlichkeit und die dazugehörigen Forderungen klar sind und sehr unangenehm. Durch den Kampf mit Wölfflin ist mir klar geworden, dass es ebenso sündig ist, sich zu unterschätzen als zu überschätzen. Meiner Natur war es lieb, mich Wölfflin anzupassen und zu unterwerfen. Da entstanden Unwahrheit und Öde ... Mit allen Mitteln bekämpft er mein Malen, und wenn ich widerstand, sagte er, die Zeit würde es lehren, was an mir sei ... Es ist für mich Entartung, wenn ich nur Male-

rin bin. Ich bin, was ich bin, und was ich zu schaffen habe, schreibt mir jede Lebenszeit und -form vor.

Zu den von Julia gewünschten Treffen zwischen Gustav von Bodelschwingh und Heinrich Wölfflin kam es nie. Am Semesterende trennte sich Julia in einem Gespräch in Ruhe und Freundschaft von Wölfflin.

Nachdem die Situation in Berlin geklärt war, fuhr sie zu einem längeren Besuch zu ihrer Schwester Adelheid. Dieser Aufenthalt sollte zu einem entscheidenden Wendepunkt in Julias Leben werden. Es entwickelte sich sehr schnell eine Beziehung zwischen Julia und Fritz von Bodelschwingh, dem Schwager ihrer Schwester. Julia hatte Fritz schon bei einem früheren Besuch bei Adelheid kennen gelernt. Inzwischen war Fritz, der Jüngste der drei Bodelschwingh-Brüder, nach dem Tod des Vaters zum Leiter von Bethel ernannt worden. Julia fühlte sich wohl in Bethel. Auch der Frömmigkeitsstil von Bethel entsprach dem ihrigen. Vorbei war die Zeit, als sie aus der Kirche austreten wollte. Sie war nun im Begriff, Pfarrfrau zu werden.

Aus dieser Zeit ist eine Karte erhalten, die Fritz als Weihnachtsgruß an Julia sandte. Auf der Vorderseite ist ein Text von Paul Gerhardt abgedruckt: *Nun, er liegt in seiner Krippen, ruft zu sich mich und dich, spricht mit süßen Lippen: Lasset fahr'n, o liebe Brüder, was euch quält, was euch fehlt, bring ich alles wieder.*

Auf die Rückseite hatte Fritz geschrieben:

Liebe Julia! Hier auf diesem Blättchen, das noch von unserem Vater stammt, ein kleiner Weihnachtsgruß! Vielleicht sagt uns das Wort, was wir tun sollen: Ohne viel Überlegen und Rückwärtssehen wie die Kinder zur Krippe zu gehen und uns Richtung und Ziel unseres Weges zeigen zu lassen. Ich vermute, dann gibt es eine gemeinsame Wanderschaft. Du auch? D.F. 23.12.10

Am 29. April 1911 heirateten Julia und Fritz von Bodelschwingh. Für Julia war nun das viele Jahre dauernde Fragen, wie sich ihre Zukunft gestalten sollte, mit ihrem Umzug nach Bethel beantwortet. Alles, was sie bisher erlebt und gelernt hatte, war für sie eine Vorbereitung für das Leben an der Seite von Fritz von Bodelschwingh.

Wie sich ihr Tagesablauf in Bethel gestaltete, schildert ein Brief vom 29. September1933, den Julia an eine zukünftige Mitarbeiterin schrieb:

Wir fangen den Tag ziemlich früh an: 15 Minuten vor 7 Uhr ist Morgenandacht und Frühstück. Um 7 Uhr ist man damit fertig. Dann habe ich von 7.15 bis ¼ vor 8 Uhr eine kleine Schreibzeit. Von ¼ vor 8 Uhr an können Arbeitsbesprechungen für die Weberei sein ... Zwischen 9 und ½ 10 Uhr kann man sich in unserer Küche ein zweites Frühstück holen. Da gibt es immer etwas, aber es darf keine Umstände machen, und stehenden Fußes kommt man da so ein wenig zusammen und kann schnell irgendetwas wieder beraten oder besprechen. Von 11 ½ bis 12 ½ Uhr habe ich eine Zeit, in der ich nicht gestört sein möchte. Um 12 ½ Uhr ist Essenszeit. Vielleicht können Sie es verstehen, wie es die anderen auch bisher verstanden haben, dass mein Mann und ich für gewöhnlich mittags allein zusammen essen. Weil wir uns so wenig sehen und mein Mann so angestrengt ist, bin ich zu diesem Ergebnis gekommen. Auch essen wir sehr schnell, was für andere ungemütlich ist. Um 12 Uhr beginnt die Mittagspause. Von 1 bis 2 Uhr soll möglichst für alles Ruhezeit sein. Ich habe von 1 bis 2 Uhr die Wachezeit im Hause. Um 2 beginnen alle Betriebe wieder zu arbeiten bis 6 Uhr. Wer zwischendurch Kaffee haben möchte, kann ihn sich holen. Um 7 Uhr ist unser gemeinsames Abendessen. Danach ist jeder frei. Wenn aber die Winterabende kommen, habe ich es gern, dass wir vorlesend und handarbeitend zusammensitzen, bis um halb zehn oder zehn Uhr zu Bett gegangen wird.

Julia stellte ihre künstlerische Begabung und ihr Können in den Dienst der Kranken und Behinderten in Bethel. Sie begann mit einer beispiellosen Werktherapie. Sie richtete eine Flickenteppichwerkstatt für Kranke aus Bethel und für Arbeitslose aus der Umgebung ein. Für die Weberei gelang es ihr, die Künstlerin Benita Koch zu engagieren, die Frauen bei ihrer Arbeit anleitete. Über diese Künstlerin, die vom Bauhaus in Dessau kam, schrieb Julia:

Sie hat jahrelang einer Kunstschule vorgestanden und kennt sehr viele künstlerische Menschen. Obwohl sie aus einer ganz anderen Welt kommt, arbeitet sie sehr gern hier und packt Menschen, Dinge und Verhältnisse von einer ernsten, tiefen, reinen Seite an. Sie wohnt bei uns im Hause.

Aber Julia blieb auch sich selbst treu. In ihrer Kleidung setzte sie sich über alle Konventionen hinweg. Damals wurde von einer Pfarrfrau schwarze unauffällige Kleidung erwartet. Julia dagegen trug lange wehende weiße Leinenkleider mit bunten Borden. Für sich selbst richtete sie in einem Gartenhaus ein Atelier ein, in dem sie weiterhin als Malerin tätig sein konnte. In den Ferien nahm sie sich Zeit zum eigenen freien Malen.

Wie Julia mit den Widrigkeiten des Lebens umging, zeigt ein Abschnitt einer Bibelauslegung zur Bitte des Vaterunsers: „Und führe uns nicht in Versuchung". Sie erzählte ein Erlebnis:

Es kam ein Morgen im neuen Jahr, der mir nach mancherlei Ungemach so froh und besonders herrlich anzufangen schien. Noch beflügelt vom erfrischenden Lied der Morgenandacht, wollte ich ans Tagewerk gehen. Da ist schon jemand im Zimmer und will mir eine Bestellung machen. Sie bezieht sich auf eine dritte Person, die mir lieb ist und die sich eben in schwerer Krankheit zum Sterben anschickt. Die Bestellung ist ungut und boshaft. Ich bin starr vor Überraschung. Ich erwidere irgendetwas, ohne weiter auf das Böse, Unnötige, fast Sinnlose einzugehen. Rasch bin ich wieder allein. Was sollte der giftige Pfeil, der mich treffen sollte und an mir vorbeiflog! Eine graue Traurigkeit will mir den frühen Morgen dunkel machen. Aber der Schrecken hat mich wach gemacht und es wird mir ganz deutlich, dass jetzt eine Versuchung heranzukommen beginnt. „Weicht, ihr Trauergeister, denn mein Freudenmeister Jesus tritt herein." Solche Bitten, laut gesprochen, vertreiben das Fremde und haben es auch mir vertrieben.

Die Nazizeit und der Zweite Weltkrieg war auch für Bodelschwinghs eine schwere Zeit. Im Kirchenkampf der Hitlerzeit standen sie auf der Seite der Bekennenden Kirche. Gemeinsam kämpften sie für das Leben ihrer Behinderten und Kranken. In einem Brief vom 21. Januar 1934 beschrieb Julia die Belastungen dieser Zeit:

Seit zwei Nächten erwarte ich meinen Mann von Berlin zurück. Aber er ist nicht übergekommen. Es liegt alles recht dunkel und schwer. Wenn ich mit in Berlin bin, ist es für mich leichter, weil ich dann immer wieder verstehen lerne, dass dies langsame und scheinbar unfruchtbare Dienen doch richtig ist. Gottes Mühlen mahlen langsam und wir wollen immer sehen und nicht glauben.

Immer wieder wurde das Leben der Kranken und Behinderten in Bethel durch die Nationalsozialisten bedroht. Gemeinsam mit ihrem Mann kämpfte Julia für die ihr anvertrauten Menschen. Sie erreichten schließlich, dass die behinderten und pflegebedürftigen Menschen in Bethel bleiben durften. Dies alles kostete viel Kraft. Fritz von Bodelschwingh überlebte den Krieg nur um wenige Monate. Er starb am 4. Januar 1946 im Beisein seiner Frau, die später über diese letzten Augenblicke berichtete:

Gegen Morgen wollte ich ihn warmen Tee trinken lassen, legte seinen Kopf in meinen Arm, um das Trinken mit dem Löffel bequemer zu machen. Da sah ich in seinen Augen, wie die merkwürdige Abholung geschah. Ohne irgendeinen Ton, ohne irgendein Schmerzenszeichen. Tiefste Stille, das Gesicht lauter Zufriedenheit. Mir war kein Zweifel, dass Gottes Befehle geschahen. Das Reich der Engel um uns. Ich glaube, ich bilde mir nicht ein, dass eine große Überraschung da war. Diese Überraschung war herrlich, selige Freude für uns alle beide, und dies ist mir geblieben als ein echtes Stück – ich wage es zu sagen: „Freude, Freude über Freude, Christus wehret allem Leide", irgendeine mächtige Erfüllung.

Für Julia ging die Arbeit weiter. Das Schicksal der Flüchtlinge lag ihr am Herzen. Sie baute ein Flüchtlingsheim. Aber auch ihre Kräfte waren begrenzt. An ihrem 80. Geburtstag schrieb sie noch:

Ich werde Gott bis zu meinem letzten Atemzug dafür danken, dass er mir erlaubte, ganz meiner Neigung für den Mitmenschen zu leben.

Wenige Wochen später trat sie das letzte Mal aus der Türe ihres Hauses, laut den Choral singend: „*Lobe den Herren, den mächtigen König der Ehren*“:

Lobe den Herren, den mächtigen König der Ehren!
Lob ihn, o Seele, vereint mit den himmlischen Chören.
Kommet zuhauf! Psalter und Harfe, wacht auf,
lasset den Lobgesang hören.
Lobe den Herren, der alles so herrlich regieret,
der dich auf Adelers Fittichen sicher geführet,
der dich erhält, wie es dir selber gefällt.
Hast du nicht dieses verspüret?
(EKG 316, Text von Joachim Neander)

Dann erlitt sie einen Schlaganfall. Sie fand ihre Sprache nicht wieder und starb am 29. September 1954.

Zeittafel

07.06.1874	Julia wird als elftes von zwölf Geschwistern auf dem Familiengut Crollage in Minden/ Westfalen geboren
14.01.1876	Julias Mutter, Marie von Ledebur, stirbt
	Privatunterricht zu Hause
	Besuch einer Höheren Töchterschule in Hannover
1891	Schulabschluss/Rückkehr nach Crollage
1894	Drei Monate Malunterricht in Dresden
1897	Beginn einer Ausbildung als „Freie Hülfsschwester" in Bethel, die sie auf Wunsch des Vaters abbricht
06.12.1899	Tod des Vaters
März-Dez. 1900	Pflege zweier Damen in Potsdam
1900-1903	Gesellschafterin einer jungen Dame bei Bensheim/Bergstraße
1904-1905	Malunterricht in Freiburg zusammen mit der Schwester Marie von Ledebur
1905-1910	Studium an der Staatlichen Kunstgewerbeschule Berlin, Freundschaft mit dem Kunsthistoriker Heinrich Wölfflin
1910	Trennung von Wölfflin, Verlobung mit Fritz von Bodelschwingh
29.04.1911	Hochzeit mit Fritz von Bodelschwingh – Umzug nach Bethel
04.01.1946	Tod von Fritz von Bodelschwingh
29.09.1954	Julia von Bodelschwingh stirbt in Bethel

Gedanken und Gesprächsimpulse zum Leben von Julia von Bodelschwingh

Julia diente Gott mit ihrer außerordentlichen künstlerischen Begabung an einer ganz besonderen Stätte. Gemäß ihrem Motto *Ich bin, was ich bin, und was ich zu schaffen habe, schreibt mir jede Lebenszeit und -form vor!* setzte sie ihre kreativen Gaben für behinderte Menschen ein. Sie wusste, dass dies der Platz war, an den Gott sie gestellt hatte.

Ein jeder soll dem anderen dienen mit der Begabung, die ihm Gott gegeben hat (1. Petrus 4,10), schreibt der Apostel Petrus in seinem Brief.

Um Gott mit unseren Gaben zu dienen, müssen wir unsere Gaben auch kennen. Es ist wichtig, dass wir uns fragen: Welche Gaben hat uns Gott gegeben? Welche Aufgaben kann ich mit diesen Gaben erfüllen?

Dabei ist es gar nicht so einfach, die eigenen Stärken zu erkennen. Aber Jesus ermutigt uns in der Bergpredigt, wenn er sagt (Matthäus 5,14+16): *Ihr seid das Licht der Welt. So soll euer Licht leuchten vor den Leuten, dass sie eure guten Werke sehen und euren Vater im Himmel preisen.* Jesus fordert uns auf, ihm zur Ehre unser Licht leuchten zu lassen. Wir können uns dabei auch gegenseitig unterstützen, indem wir uns auf unsere Gaben aufmerksam machen. Wie schön ist es, wenn man sich gegenseitig auf seine Begabungen aufmerksam macht: Du kannst besonders gut zuhören. Oder: Die Dekoration in deiner Wohnung ist so geschmackvoll. Kannst du diesen Dienst nicht für unsere Gruppe übernehmen?

Wo liegen unsere besonderen Stärken?

Welche Aufgaben kann ich mit meinen Gaben besonders gut ausfüllen?

Julia von Bodelschwingh hat sich auch immer Nischen eingerichtet, in denen sie auftanken konnte. Ihr Atelier war für sie ihre ganz persönliche Oase, in der sie wieder Kraft schöpfen konnte. Wie können für uns solche Oasen aussehen?

So gehört zu unserem Leben beides: uns mit unseren Gaben nach allen Kräften für Gottes Reich einzusetzen, aber auch immer wieder neu aufzutanken und Oasen und Orte der Stille zu finden, die uns und unserer Beziehung zu Gott gut tun.

Ich bitte dich, Herr, um die große Kraft,
diesen kleinen Tag zu bestehen,
um auf dem großen Weg zu dir
einen kleinen Schritt weiterzugehen.

Ernst Ginsberg

Bei den Bodelschwingh'schen Anstalten (Postfach 130260, 33545 Bielefeld) können Aquarelle von Julia von Bodelschwingh in Postkartenformat erworben werden. Diese Karten können zur Erinnerung den Frauen mitgegeben werden oder zur Dekoration im Raum verwendet werden. So wird ein Stück von der künstlerischen Seite Julia von Bodelschwinghs sichtbar.

Quellen

Ich bin, was ich bin, herausgegeben von Esther Röhr, Gütersloher Verlagshaus, Gütersloh, 1997

Julia von Bodelschwingh: Aquarelle, v. Bodelschwingh'sche Anstalten, Bethel

Julia von Bodelschwingh, Lebenseinsatz einer ungewöhnlichen Frau, v. Bodelschwingh'sche Anstalten, 1977

Helene Schweitzer-Bresslau (1879-1957)
Ein Leben im Dienst für den Nächsten

Helene Schweitzer-Bresslau, die Lebenspartnerin des berühmten Arztes, Theologen, Musikers und Nobelpreisträgers Albert Schweitzer, war eine intelligente, begabte und willensstarke Frau. Gemeinsam mit ihrem Mann gründete sie das Urwaldhospital Lambarene. Immer wieder jedoch musste sie erkennen, dass ihr Körper mit ihrem Willen und ihrem Geist nicht Schritt halten konnte und dass ihre körperlichen Schwächen ihr Grenzen setzten. Dies zu akzeptieren, bedeutete für Helene Schweitzer-Bresslau ein lebenslanges Ringen.

Helene Bresslau wurde am 25. Januar 1879 in Berlin geboren. Ihr Vater war ein bekannter Historiker. Er war Jude, und der Kampf für die Gleichberechtigung der Juden in Deutschland war sein erklärtes Lebensziel. Helene erhielt eine außergewöhnlich gute Ausbildung, was zu dieser Zeit für eine Frau nicht selbstverständlich war. 1890 zog die Familie – Helene hatte noch zwei Brüder – nach Straßburg. Ihr Vater hatte eine Berufung an die dortige Universität erhalten.

Obwohl Helenes Eltern aus traditionsreichen jüdischen Familien stammten, entschlossen sie sich, ihre Kinder taufen zu lassen. So besuchte Helene auch den Konfirmandenunterricht in Straßburg. Später schrieb sie in einem Brief über ihren Konfirmationsspruch aus dem 1. Johannesbrief:

Der Gott, dem ich mein Leben in die Hände legte, seit ich religiös denken kann – der Gott ist erhaben über allem und doch nicht zu erhaben, um nicht auch im Kleinsten wirksam zu sein. „Gott ist die Liebe, und wer in der Liebe bleibet, der bleibet in Gott und Gott in ihm."

Dieser Vers begleitete Helene durch ihr ganzes Leben. Er bedeutete für sie eine Aufforderung, sich in Liebe ihren Mitmenschen zuzuwenden. Diese Liebe zu ihren Nächsten prägte auch ihre spätere Arbeit in Afrika.

In Straßburg legte Helene ihr Examen am Lehrerinnenseminar ab. Sie war vielfältig begabt, spielte Orgel und Klavier, studierte einige Semester Kunstgeschichte, sprach mehrere Sprachen und war sportlich sehr aktiv. Sie unternahm abenteuerliche Reisen nach Russland und Finnland. Einige Zeit arbeitete sie als Lehrerin in England.

Von dort kehrte sie mit dem Entschluss zurück, Waiseninspektorin zu werden. Besonders die Situation der unverheirateten Mütter lag ihr sehr am Herzen, und sie gründete in Straßburg ein Mütterheim. Dieses soziale Engagement war zu damaliger Zeit in den Kreisen, aus denen Helene Bresslau stammte, außerordentlich umstritten. Unterstützt wurde Helene Bresslau bei dieser Arbeit von Elly Knapp, der späteren Ehefrau von Theodor Heuss.

1898 lernte Helene bei einer Hochzeit Albert Schweitzer kennen, dem sie bald eine unverzichtbare Helferin bei der Korrektur seiner ersten Bücher wurde. Auch auf anderen Gebieten stellten die beiden gemeinsame Ziele fest. Ihr soziales Engagement, ihre Verpflichtung gegenüber Benachteiligten und schließlich das Projekt „Afrika" verband sie. Als Albert Schweitzer 1905 beschloss, Medizin zu studieren, um als Arzt in den afrikanischen Urwald zu gehen, stieß er auf Unverständnis bei Freunden und Familie. Allein Helene Bresslau, die daraufhin eine Ausbildung als Krankenschwester machte, verstand ihn.

Am 18. Juni 1912, nach langjähriger Freundschaft, heirateten Helene Bresslau und Albert Schweitzer. Sie planten, gemeinsam nach Afrika zu gehen. Ostern 1913 reisten sie gemeinsam nach Gabun aus. Die Situation dort war schwierig. Bei ihrer Ankunft war die Station am Ogowefluss verlassen. In einem alten Hühnerstall wurde der erste provisorische Operationsraum eingerichtet. Helene assistierte als OP-Schwester, Anästhesistin und Apothekerin. Sie leitete die Krankenpflege, war verantwortlich für Hygiene und Reinigung der Station. Die ersten Jahre auf Lambarene waren wohl die glücklichsten in Helene Schweitzer-Bresslaus Leben. Gemeinsam mit ihrem Mann verwirklichte sie ihren Traum vom Urwaldhospital in Afrika. Und doch zeigte sich bereits jetzt, dass ihre körperlichen Kräfte nicht mit den Anforderungen ihrer Arbeit im Urwald Schritt halten konnten.

Mit Beginn des Ersten Weltkriegs wurde die Situation in Afrika immer problematischer. Schließlich kamen Helene und Albert Schweitzer als Kriegsgefangene über Bordeaux in die Pyrenäen und zuletzt nach St. Remy in der Provence. In dieser Zeit erkrankten beide an Ruhr, außerdem brach bei Helene Tuberkulose aus. Die äußeren Bedingungen im Lager waren katastrophal. Zudem wurde Helene nach sechs Ehejahren im Alter von 40 Jahren schwanger. Kurz nach Friedensschluss, am 14. Januar 1919, kam ihre Tochter Rhena in Straßburg zur Welt.

Lassen wir die Tochter selbst berichten:

Es war eine schwere Zeit für beide Elternteile. Auch mein Vater war krank, musste sich zwei schweren Operationen unterziehen, hatte Schulden und sah keine Möglichkeiten, sich wieder eine Zukunft aufzubauen. Ihm half Erzbischof Nathan Soederblom, der ihn zu Vorlesungen an der Universität Uppsala in Schweden einlud. Dies gab ihm den nötigen seelischen Auftrieb und die Möglichkeit, seine finanzielle Situation durch Vorträge und Orgelkonzerte wieder zu sanieren. 1924 war er in der Lage und bereit, seine Arbeit in Afrika wieder aufzunehmen. Meine Mutter konnte wegen ihres Gesundheitszustandes und weil ich da war, nicht daran denken, ihn zu begleiten. Aber sie ließ ihn ziehen und brachte damit das größte Opfer ihres Lebens. Von dieser Zeit an musste sie anderen überlassen, was sie so gerne selber getan hätte, musste zurückstehen in vielen ihrer Wünsche, denn seine Arbeit stand für meinen Vater immer an erster Stelle.

In Königsfeld im Schwarzwald, wo sich die Schweitzers ein Haus gebaut hatten, lebte Helene von nun an mit ihrer Tochter, während ihr Mann die Arbeit in Afrika fortführte. Ihre Aufgabe sah sie in der Unterstützung des Urwaldhospitals aus der Ferne. Sie hielt Vorträge, sammelte Spenden und gab Interviews. Aus Vortragsreisen nach Amerika entstand später die Albert-Schweitzer-Fellowship, die bis heute die Arbeit in Lambarene unterstützt.

Durch die jüdische Herkunft Helene Schweitzer-Bresslaus wurde ihre Situation mit Beginn der Naziherrschaft immer problematischer. Sie floh daher 1940 mit der Familie ihrer Tochter nach Frankreich. Später reiste sie auf abenteuerliche Weise über Portugal nach Lambarene. Dort blieb sie bis 1946 und durfte nun endlich wieder die geliebte Arbeit im Urwaldhospital aufnehmen.

1949 begleitete sie ihren Mann auf seiner einzigen Amerikareise und beeindruckte die Reporter dort, indem sie alle Fragen in fließendem Englisch beantwortete. 1954, als Albert Schweitzer für seinen Einsatz in Afrika den Friedensnobelpreis erhielt, stand sie in Oslo an seiner Seite. Immer wieder verbrachte Helene längere Zeit in Lambarene. Doch ihre angeschlagene Gesundheit und die unerträgliche Hitze zwang sie mehrmals zur Rückkehr nach Europa. Ihr letzter Afrikaaufenthalt dauerte eineinhalb Jahre. Zehn Tage vor ihrem Tod flog sie, am Ende ihrer Kräfte, in die Schweiz.

Am 1. Juni 1957 starb Helene Schweitzer-Bresslau in Zürich. Ihre Asche wurde in Lambarene beigesetzt, unter einem

Steinkreuz, auf das Albert Schweitzer selbst den Text setzte: *Hier liegen die irdischen Überreste von Helene Schweitzer-Bresslau, geboren am 25.01.1879, verehelicht mit Albert Schweitzer am 18.6.1912, eingetroffen in Lambarene am 18.4.1913, um hier mit ihm das Krankenhaus für Eingeborene zu gründen, gestorben in Zürich am 1.6.1957*

Zeittafel

25.01.1879	Helene Bresslau wird in Berlin geboren
1890	Umzug nach Straßburg
1898	Abschluss als Lehrerin
1898	Helene Bresslau trifft Albert Schweitzer
1900	Beginn Studium der Kunstgeschichte und Geschichte
1902/1903	Englandaufenthalt
1904	Krankenpflegekurs Stettin
1905	Schweitzer teilt seinen Entschluss mit, als Arzt nach Afrika zu gehen
1905-1909	Waiseninspektorin in Straßburg
1908	Gründung des Mütterheims für ledige Mütter in Straßburg
1909	Beginn einer Krankenschwesterausbildung
18.06.1912	Heirat mit Albert Schweitzer
26.03.1913	Abreise nach Lambarene
1913-1917	Aufbau des Spitals in Lambarene
1917	Rückkehr als Gefangene nach Frankreich
14.01.1919	Geburt der Tochter Rhena
ab 1924	Aufenthalt in Königsfeld/Schwarzwald
1940	Flucht nach Südfrankreich
02.08.1941	Ankunft von H. Schweitzer-Bresslau in Lambarene
08.09.1946	Rückkehr nach Europa
1954	Friedensnobelpreis für Albert Schweitzer
1956-1957	Letzter Besuch in Lambarene
01.06.1957	Helene Schweitzer-Bresslau stirbt in Zürich

Gedanken und Gesprächsimpulse zum Leben von Helene Schweitzer-Bresslau

Helene Schweitzer-Bresslaus großes Lebensziel war Afrika, ein Krankenhaus in Afrika für die Ärmsten. Doch standen ihre eingeschränkten körperlichen Kräfte diesem Plan im Weg, ja brachten ihr persönliches Lebensziel zum Scheitern. Sie musste aufgeben und nach Europa zurückreisen. Es war für sie ein lebenslanges Ringen und ein Kampf, zu diesen veränderten Lebensplänen ein Ja zu finden.

Immer wieder geschieht es, dass das Leben anders verläuft, als wir uns das wünschen. Als Christ möchte ich es so ausdrücken:

Gott durchkreuzt unsere Vorstellungen, wenn sie nicht seinem Plan für unser Leben entsprechen. Es ist für uns Christen eine lebenslange, wichtige Aufgabe, immer wieder neu ein Ja dazu zu finden. Wenn wir uns das Leben von Abraham, Johannes dem Täufer, Paulus oder Maria, der Mutter Jesu, ansehen, so merken wir, dass Gott bereits zur Zeit der Bibel Menschen gebrauchte und ihr Leben anders lenkte, als sie es sich ursprünglich gedacht hatten. Im Buch der Sprüche steht (16,9): *Das Menschenherz macht Pläne – ob sie ausgeführt werden, liegt bei Gott.*

Wo wurden meine Pläne und Vorstellungen von Gott durchkreuzt oder in eine Richtung gelenkt, die ich mir so nicht gewünscht oder gedacht habe?

Wie gehen wir mit Enttäuschungen und Umwegen in unserem Leben um?

Was hilft uns, ein Ja zu Gottes Wegen für unser Leben zu finden?

Sag ja zu deinem Schicksal,
denn es ist Gottes Weg mit deiner Seele.

(Fjodor Dostojewski)

Quellen

Ich bin, was ich bin, herausgegeben von Esther Röhr, Gütersloher Verlagshaus, Gütersloh 1997

Association Internationale de L'Oeuvre du Docteur Albert Schweitzer de Lambarene (AISL)

Helene Schweitzer-Bresslau – Ein Leben für Lambarene, Verena Mühlstein, Verlag C.H. Beck, München 1998

Elly Heuss-Knapp (1881-1952)
Aus dem Heute das Beste machen

Elly Heuss-Knapp: Sie war die erste First Lady der Bundesrepublik Deutschland, Begründerin des Müttergenesungswerkes, zugleich aber auch Lehrerin, Buchautorin, Werbetexterin, Mutter eines Sohnes ... Wie sah das Leben dieser Frau aus, das so vielerlei Facetten aufwies?

Elly Knapp wurde am 25. Januar 1881 in Straßburg geboren. Ihr Vater war Professor an der Straßburger Universität, ihre Mutter eine Adlige, die aus dem Kaukasus stammte. Bald nach Ellys Geburt erkrankte ihre Mutter schwer, musste in ein Sanatorium übersiedeln und konnte so das Leben ihrer Töchter nicht mehr aktiv mitgestalten. Die Erziehung von Elly und ihrer Schwester Marianne übernahmen abwechselnd der Vater, die Großeltern und die Zwillingsschwester des Vaters.

Nach dem Abschluss der Schulzeit und dem Besuch einer Nähschule reifte in Elly – auch geprägt durch ihre Erfahrungen bei der Mitarbeit im Kindergottesdienst – der Wunsch, Lehrerin zu werden. Als Lehrerin, so ihre Vorstellung, könnte sie viele junge Mädchen bei der Entwicklung eines gesunden Selbstbewusstseins unterstützen, ihr Verständnis für die Dinge des täglichen und politischen Lebens wecken, ihnen helfen, eine eigene Meinung und Tatkraft zu entwickeln. Eine Berufsausbildung oder gar ein Studienabschluss waren für Frauen um die Jahrhundertwende äußerst unüblich.

1899 legte Elly ihr Lehrerinnenexamen ab. Zunächst startete sie ihre eigene kleine Schule und unterrichtete drei Jahre lang in Straßburg Kinder von befreundeten Familien. Zusätzlich betreute sie gemeinsam mit einer Freundin die Jungen im städtischen Knabenhort. Soziales Engagement lag ihr sehr am Herzen. 1901 schrieb sie an ihre Freunde:

Ich habe so wenig Zeit jetzt zum Sezieren meiner eigenen Stimmungen. Köstlich viel zu tun und Arbeit, die Freude macht, weil sie nützt. Ich habe so viel Freude an meinem Schülchen in Ruprechtsau.

Aber Ellys ursprüngliches Anliegen war die Bildung und Ausbildung junger Frauen. Sie gründete eine Fortbildungsschule für Mädchen, unterstützt von Politikern und der Handelskammer.

Ich fing die Stunden mit einem selbst gemachten Lehrplan an, nur das Rechnen traute ich mir denn doch nicht zu. Wir mussten gleich zwei Parallelklassen bilden ... Die Handelskammer hatte das Geld bewilligt ... Die Schule blieb dauernd bestehen. Ich holte eine Freundin zur Hilfe herbei, und später wurde eine regelrechte Handelsschule daraus mit fachlich vorgebildeten Lehrkräften.

So beschrieb sie dieses Projekt später.

Zunächst jedoch bekam Elly die Möglichkeit, sich in Freiburg und Berlin als Gaststudentin weiterzubilden. In Berlin unterstützte sie, schockiert über die Arbeits- und Lebensbedingungen vieler Frauen, „Mädchen- und Frauengruppen für soziale Hilfsarbeit". Aus diesen Kursen entwickelte sie später die erste soziale Frauenschule. Der sozial und politisch engagierte Pfarrer Friedrich Naumann wurde ihr großes Vorbild. Zu Naumanns Mitarbeiterstab gehörte auch Theodor Heuss, mit dem sie auf diese Weise Bekanntschaft schloss. Wieder zurück in Straßburg, wurde Elly in Berlin aufs Äußerste vermisst. Sie erhielt Post vom Redakteur Theodor Heuss:

Liebe Elly ... Ihr Weggehen hat doch in das geruhige bürgerlich und seelische Leben der letzten Wochen einen sehr empfindlichen Riss gemacht, dass mir vorderhand nur der Versuch bleibt, ihn mit Papier zuzukleben ... Aber Sie dürfen nicht glauben, es sei die peinliche Besuchsdankbrief-Phrase, wenn ich Ihnen schreiben muss, wie herzlich froh ich dieser gemeinsamen Wochen geworden bin und welch stille und starke Freude ich über unsere Freundschaft empfinde.

Allmählich wurde aus dieser Freundschaft Liebe. 1907 fand die Verlobung zwischen Theodor Heuss und Elly Knapp statt. 1908 wurden sie von Albert Schweitzer, mit dessen Frau Helene Elly eine enge Freundschaft verband, getraut.

Der Abschied von Straßburg, der Familie und dem Freundeskreis war nicht einfach. *„Der Abschied von der Heimat blieb schwer, und das Münster hatte fast etwas Drohendes, als ich ihm im strömenden Regen den Abschiedsgruß zuwinken wollte"*, berichtete Elly. Das junge Paar zog in eine Mietswohnung in Berlin-Schöneberg.

Theodor Heuss war als Redakteur, Autor und Politiker viel unterwegs. Elly unterrichtete an einer „Lehr- und Erziehungsstätte zur Ertüchtigung von Mädchen für das praktische Leben" und arbeitete an einem Lehrbuch für Bürgerkunde und Volkswirtschaft für Frauen, das im September 1910 veröffentlicht wurde.

Am 5. August 1910 wurde der Sohn Ernst Ludwig geboren. Er sollte das einzige Kind der Familie Heuss bleiben. Die schwere Geburt hatte Elly dem Tode nahe gebracht. Es dauerte lange, bis sich die junge Mutter wieder erholt hatte.

1912 siedelte die Familie Heuss nach Heilbronn über. Theodor Heuss war dort, in seiner Heimatstadt, Chefredakteur der Neckar-Zeitung geworden. Der Umzug vom pulsierenden Leben Berlins in die Enge der bürgerlichen Kleinstadt Heilbronn war ein schwerer Schritt für die junge Familie. In einem Brief schrieb Elly damals:

Dass ich mich hier je wohl fühlen werde, das glaub ich nicht. Aber ich glaube, dass ich die Zeit der Widerspenstigkeit hinter mir habe und nach dem guten englischen Rezept verfahren werde: „To make the best of it" ... Manchmal mache ich kleine Vortragsreisen ... Das ist kein Ersatz für den Unterricht, wobei man junge Menschen dauernd beeinflusst.

Das Gefühl, ein Baum zu sein, den man plötzlich aus seinem Boden herausgezogen hat und der das Umpflanzen schlecht erträgt, dauerte etwa ein Jahr. Hinzu kamen immer wieder gesundheitliche Probleme. „To make the best of it", das Beste daraus machen, diesen Leitspruch hat sich Elly in ihrem ganzen Leben zu Eigen gemacht. Dass ihr dies in Heilbronn gelungen war, zeigt, wie sie ihre Zeit im Schwäbischen später mit etwas Abstand beurteilte:

Sie (die Stadt Heilbronn) hat ja so viele Vorzüge vor der Großstadt. Wie viel freier wächst ein Kind hier auf, wächst hinein in den Organismus einer Gemeinschaft, während die Großstadt atomisiert. Überhaupt, im Haus war alles in Ordnung, aber die andere Hälfte, der Beruf fehlte und der angeregte Kreis in Berlin.

Ganz so untätig war Elly Heuss-Knapp während der Zeit in Heilbronn jedoch nicht. Sie wurde immer wieder zu Vortragsreisen, Kongressen und Tagungen eingeladen. Zudem überarbeitete sie eine neue Auflage ihrer „Bürgerkunde und Volkswirtschaftslehre".

Das Jahr 1914 und die Not, die der Beginn des Ersten Weltkriegs mit sich brachte, veränderte auch das Leben der Familie Heuss. Theodor Heuss war aufgrund eines früheren Unfalls wehrdienstuntauglich und blieb auf seinem Posten als Redakteur. Seine Frau erkannte sehr schnell die Not der Soldatenfrauen, Kriegerwitwen und Kinder. Um den Frauen eine Möglichkeit zu geben, für den Unterhalt der Familie zu sorgen, erwarb sie Stoffe, Wolle, Nähmaschinen und eine elektrische Zuschneidemaschine. So konnten über neunhundert Frauen mit Nähen, Flicken und Stricken in Heimarbeit für ihre Familien sorgen. Mit viel Energie, Fantasie und Einsatz erreichte Elly immer wieder, dass sie für „ihre Frauen" Wolle und Stoffe erhielt. Die Frauen verdienten dabei das Eineinhalbfache des üblichen Fabriklohnes. Dabei wurde noch Gewinn erwirtschaftet, der für eine gemeinnützige Stiftung nach Kriegsende vorgesehen war.

1918 – kurz vor Kriegsende – wurde Theodor Heuss von seinen politischen Freunden nach Berlin zurückgerufen. Wieder hieß es Abschiednehmen und in die Großstadt Berlin, in der der Krieg ungleich schlimmer spürbar war, zurückzukehren. Das Ende der Monarchie und den politischen Umbruch nach dem Ersten Weltkrieg erlebte die Familie Heuss in Berlin. Theodor Heuss versuchte nun mit allen Kräften, die Demokratisierung voranzutreiben. Elly Heuss-Knapp motivierte vor allem Frauen, von ihrem Wahlrecht Gebrauch zu machen.

Frauen, werbt und wählt,
jede Stimme zählt!
Jede Stimme wiegt,
Frauenwille siegt.

So hieß der Slogan. Und tatsächlich trugen die Stimmen der Frauen beträchtlich zu politisch stabilen Mehrheitsverhältnissen bei. Sowohl Elly Heuss-Knapp als auch Theodor Heuss ließen sich als Kandidaten für die Nationalversammlung aufstellen. Beiden fehlten am Wahltag nur wenige Stimmen zum Wahlerfolg, was für das Heuss'sche Familienleben sicher eine gute Lösung war. Theodor Heuss wurde nun Dozent an der Hochschule für Politik, und seine Frau unterrichtete an der sozialen Frauenschule und an einer Ausbildungsstätte für Kindergärtnerinnen und Jugendleiterinnen.

Doch Wirtschaftskrise und Inflation forderten ihren Tribut, und die finanzielle Situation der Familie Heuss wurde schwierig:

Mein Mann bekam sein Gehalt zum Teil erst, als es entwertet war, zum anderen Teil gar nicht. Mein Stundenhonorar betrug immer etwas weniger, als die Fahrt hin und zurück kostete. Aber ein vermietetes Zimmer brachte die Hälfte der Wohnungsmiete auf, und schließlich unterrichtete ich täglich einen Japaner, einen Engländer und eine Amerikanerin, der ich zugleich die sozialen Einrichtungen Berlins zeigte. Es war eine unerhörte Überanstrengung, aber man nahm Dollars ein, und wir lebten davon. Schließlich ging ja auch die Inflationszeit wie mit einem Zauberschlag zu Ende. Freilich ließ sie uns Deutsche fast alle ohne Vermögen zurück.

Wie konnte Elly Heuss-Knapp die Vielzahl ihrer unterschiedlichsten Aufgaben, oft verbunden mit Reisetätigkeiten, bewältigen? Auch ihr Ehemann war aufgrund seiner politischen Tätigkeit – er war ab 1924 Mitglied des Reichstags – häufig unterwegs. Für den Haushalt gab es Dienstmädchen. Der Sohn Ernst Ludwig lebte ab 1926 in einem Internat in Holzminden, „um ihn in Berlin von Vereinsamung zu bewahren", so die Meinung beider Eltern übereinstimmend.

Zunächst jedoch standen Konfirmandenunterricht und Konfirmation von Ernst Ludwig an und brachten Kontakte mit Pfarrer Dibelius mit sich. Durch die politischen Umbrüche der vergangenen Jahre waren die übernommenen und überkommenen Weltanschauungen ins Wanken gekommen. Elly fühlte sich nun durch die Predigten von Pfarrer Dibelius angesprochen:

Ich fand einen Prediger, der mitten im Tageskampf stand, verwickelt in die Aufgaben des modernen Lebens, der die großen Fragen des Volksstums vom Evangelium aus zu beantworten suchte, der nicht das Gefühl, das leicht betrogene, sondern den Willen aufrief und dabei ein pietistisches Herz hatte.

Ellys abgegriffenes, zerlesenes Neues Testament mit vielen Randbemerkungen vermittelt einen Eindruck, wie intensiv sie mit diesem Buch lebte.

Theodor Heuss erkannte sehr früh die Gefahren des aufkommenden Nationalsozialismus. 1931 veröffentlichte er das Buch „Hitlers Weg". Dies führte dazu, dass ihm 1933 sein Lehramt für Politik an der Deutschen Hochschule entzogen wurde. Auch seine Frau durfte nicht mehr unterrichten. Doch wovon sollte die Familie nun leben? Theodor Heuss erzählte später:

Jetzt begann für Elly ihre „heroische" Zeit, da sie, die sich nie zuvor mit derlei befasst, aus einem freundlichen Anlass in die Wirtschaftswerbung „einstieg" und ... bald eine sehr geachtete und beachtete Stellung in diesem Beruf einnahm. Die Last für den Lebensunterhalt der Familie, für das Studium des Sohnes lag bis 1939, da der Krieg Warenwerbung sinnlos gemacht hatte, auf ihren Schultern; sie ging so eifrig, ja enthusiastisch in diese Arbeit, dass sie diese Rastlosigkeit mit einer Verschlimmerung ihres Herzleidens bezahlte.

Elly fand also eine Verdienstmöglichkeit in der Werbebranche. Unter anderem entstand dabei folgendes Hörspiel unter dem Titel „Aprilscherz":

Man hört von der Straße herauf eine Autohupe, die recht ungeduldige Zeichen macht.

Vater ruft (polternd):	*Ja, Peter, wir kommen – Die Frauenzimmer sind noch nicht fertig. Wo fehlt's denn, Mutter?*
Mutter:	*Ich suche Nivea-Creme, und auch das Nivea-Öl kann ich nicht finden. Vor dem Autofahren muss ich mich einreiben, sonst kriege ich spröde Haut und Sonnenbrand.*
Peter ruft von unten:	*Vater, komm doch, ich habe etwas Feines gemacht. Ich habe das Auto ganz mit Nivea geölt! April, April!*

Oder ein Werbetext für Fliegenfänger:

Zieh den festen Klebestreifen
aus der Hülse sanft mit Drehen.
Fliegen werden's nie begreifen,
auf den Leim die Fliegen gehen.
Und so wirst du Ruhe kriegen,
Fliegenfrosch fängt fleißig Fliegen!

Die Arbeit, die Aufregung um die vielen Luftangriffe in Berlin und das Bangen um das Schicksal ihres Mannes, dessen antinationalsozialistische Einstellung in Regierungskreisen bekannt war, verschlimmerten Ellys Herzleiden. So entschloss sich die Familie 1943, zu Ellys verwitweter Schwester nach Heidelberg zu ziehen.

Nach Kriegsende wurde Theodor Heuss zunächst Schriftleiter der Rhein-Neckar-Zeitung, später Kultusminister von Nordwürttemberg. Elly wurde 1946 als Abgeordnete in den Württembergisch-Badischen Landtag gewählt.

Am 12. September 1949 wurde Theodor Heuss Bundespräsident. Seine Frau musste nun ihre Tätigkeit als Abgeordnete aufgeben. Ihr neuer Wohnort war Bonn-Bad Godesberg. Als Präsidentengattin hatte Elly Heuss-Knapp eine Menge Angestellte. Sie stand einem großen Hauswesen vor und begleitete ihren Mann auf Staatsbesuchen.

Die Not der Mütter in der Nachkriegszeit ließ sie nicht los. Am 31. Januar 1950 gründete sie das Müttergenesungswerk:

Wissen wir noch, was das ist, eine Familie? Eine richtige Familie mit Vater, Mutter und Kindern um eine Tisch? Wis-

sen wir noch, was das ist, der Frieden eines Hauses? – Es war gestern so und könnte morgen wieder so sein. Es liegt an den Müttern, die die Seele der Familie sind. Aber wer fragt danach, wie die Mütter es noch schaffen? Das Müttergenesungswerk fragt nach ihnen.

Am 25. Januar 1951 feierte Elly Heuss-Knapp, bereits von Krankheit geschwächt, ihren 70. Geburtstag. Ihr Mann schenkte ihr zu diesem Anlass ein Gedicht :

Für Elly zum 70. Geburtstage

Wie im Nehmen, so im Geben,
galt das schöne Gleichgewicht
als Gesetz für unser Leben:
„Einer war des andern Licht“.
Gleiches Schreiten durch die Jahre,
schwärmend einst und heute stet,
Wirbelwind durch blonde Haare,
weicher Hauch durch weiße geht.
Frohe Stunden, stille Trauer,
festes Herz im Überschwang,
und der Ewigkeiten Schauer
weh'n durch dieses Lebens Gang.
Also lass uns weiter wandern,
jeder Wandertag ist Dank,
da vom Lebenskelch des andern
jeder neues Leben trank.

Am 19. Juli 1952 starb Elly Heuss-Knapp in der Uniklinik in Bonn. Sie hinterließ ein Neues Testament mit vielen Randbemerkungen. *„Ein Buch, in dem nicht nur gelegent-*

lich geblättert, sondern mit dem gelebt worden ist, wie man ... eben nur mit diesem Buch leben kann", sagte Professor Gollwitzer bei der Trauerfeier.

Bei einer Stelle im Epheserbrief: „Kaufet die Zeit aus; denn es ist böse Zeit", hatte Elly Heuss-Knapp notiert: „*Segen der bösen Zeit: Sie braucht ganze Menschen. Sie stellt uns ganz auf das Vertrauen, auf die Liebe, auf das Gebet. Sie lehrt uns stille sein.*"

Auf meinen lieben Gott
trau ich in Angst und Not;
der kann mich allzeit retten
aus Trübsal, Angst und Nöten,
mein Unglück kann er wenden,
steht alls in seinen Händen. (EKG 345)

Zeittafel

25.01.1881	Elly Knapp wird in Straßburg geboren
11.04.1908	Hochzeit mit Theodor Heuss – Umzug nach Berlin
05.08.1910	Geburt des Sohnes Ernst Ludwig
1912	Umzug nach Heilbronn
1918	Rückkehr nach Berlin
1943	Umzug nach Heidelberg
1945	Umzug nach Stuttgart
12.09.1949	Theodor Heuss wird Bundespräsident Umzug nach Bonn-Bad Godesberg
31.01.1950	Gründung des Müttergenesungswerkes
19.07.1952	Tod von Elly Heuss-Knapp in Bonn

Gedanken und Gesprächsimpulse zum Leben von Elly Heuss-Knapp

„To do the best of it" (das Beste aus jeder Situation machen) – dieses Motto hatte sich Elly Heuss-Knapp einmal in einer schwierigen Zeit notiert. Dies ist dieser begabten Frau, deren Leben mit Gottes Hilfe für so viele Menschen zum Segen geworden ist, trefflich gelungen.

Das Beste aus jeder Situation zu machen, dazu gehört auch, jeden Tag aus Gottes Hand zu nehmen.

Nicht trauernd oder sehnsuchtsvoll zurückzuschauen:

Was habe ich alles verpasst? Warum ist mein bisheriges Leben nicht anders verlaufen? Früher war alles besser!

Nicht sehnsüchtig nach vorne zu schauen:

In einigen Jahren wird meine Situation bestimmt besser sein. Wenn ich meine Ausbildung abgeschlossen habe, wenn unsere Wohnsituation besser ist, wenn die Kinder aus dem Haus sind, wenn, wenn, wenn ... dann wird es mir bestimmt besser gehen.

Das Heute ist mir aufgetragen zu leben und zu gestalten. Aus dem Heute soll ich das Beste machen.

Was bedeutet es für mich, aus meiner jetzigen Situation das Beste zu machen?

Was hindert mich daran, heute zu leben?

Was kann ich ändern, um aus meinem „Heute" das Beste zu machen?

Papst Johannes XXIII machte einst folgenden Vorschlag:

Nur für heute werde ich mich bemühen, den Tag zu erleben, ohne das Problem meines Lebens auf einmal lösen zu wollen.
Nur für heue werde ich die größte Sorge für mein Auftreten pflegen: vornehm in meinem Verhalten; ich werde niemand kritisieren, ja ich werde nicht danach streben, die anderen zu verbessern, nur mich selbst.
Nur für heute werde ich in der Gewissheit glücklich sein, dass ich für das Glück geschaffen bin, nicht nur für die andere, sonder auch für diese Welt.
Nur für heute werde ich mich an die Umstände anpassen, ohne zu verlangen, dass die Umstände sich an meine Wünsche anpassen.
Nur für heute werde ich zehn Minuten meiner Zeit einer guten Lektüre widmen; wie die Nahrung für das Leben notwendig ist, so ist die gute Lektüre notwendig für das Leben der Seele.
Nur für heute werde ich eine gute Tat vollbringen, und ich werde es niemand erzählen.
Nur für heute werde ich etwas tun, das ich keine Lust habe zu tun; sollte ich mich in meinen Gedanken

beleidigt fühlen, werde ich dafür sorgen, dass niemand es merkt.

Nur für heute werde ich ein genaues Programm aufstellen. Vielleicht halte ich mich nicht genau daran, aber ich werde es aufsetzen. Und ich werde mich vor zwei Übeln hüten: vor der Hetze und der Unentschlossenheit.

Nur für heute werde ich fest glauben – selbst wenn die Umstände das Gegenteil zeigen sollten –, dass die gütige Vorsehung Gottes sich um mich kümmert, als gäbe es sonst niemanden auf der Welt.

Nur für heute werde ich keine Angst haben. Ganz besonders werde ich keine Angst haben, mich an allem zu freuen, was schön ist, und an die Güte glauben.

Quellen

Elly Heuss-Knapp, die erste First Lady, Kirsten Jüngling und Brigitte Roßbeck, Salzer Verlag, Heilbronn 1994

Sie fanden den Weg, Martin Haug, Calwer Verlag, Stuttgart, 1969

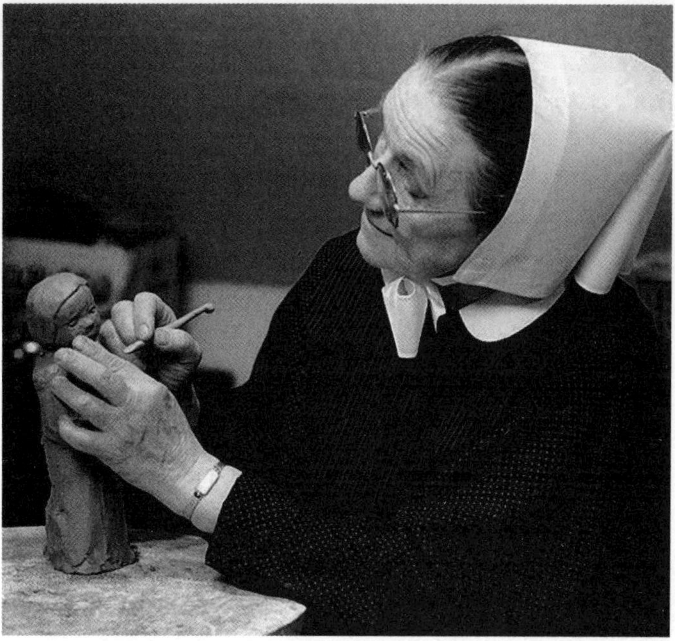

Dorothea Steigerwald (geb. 1918)
Bleib sein Kind

Schon vielen Menschen sind die Skulpturen von Dorothea Steigerwald Hilfe und Trost geworden, haben Kraft in schweren Zeiten gegeben. *Ich will damit ganz einfach den Menschen sagen, dass da einer ist, der sie liebt,* so hatte die Künstlerin einmal ihr Anliegen beschrieben.

Doch war der Weg zur Erfüllung dieses Auftrages nicht immer einfach und gradlinig.

Dorothea Steigerwald wurde 1918 in Duisburg geboren. Zur Familie gehören noch vier ältere Geschwister und die ein Jahr jüngere Adelheid, mit der sich Dorothea ganz besonders verbunden fühlte. Es war den Eltern ein großes Anliegen, ihren Kinder den Glauben an ihren himmlischen Vater nahe zu bringen. So erlebten die Kinder, wie ihre Eltern trotz wirtschaftlich schwierigen Zeiten ihr Leben im Vertrauen auf Gott gestalteten. Das Vorbild des Elternhauses, aber auch die Gemeinschaft in Kindergottesdienst und Jugendkreis waren prägend für das Glaubensleben von Dorothea und Adelheid Steigerwald. So entstand bald nach der Schulausbildung der Wunsch, Diakonisse zu werden. Leicht fiel es den Eltern nicht, ihre beiden jüngsten Töchter diesen Weg gehen zu lassen. Doch Dorothea und Adelheid sahen darin Gottes Plan für ihr Leben, und schweren Herzens stellten die Eltern ihre eigenen Pläne zurück. Hatten sie doch ihre Kinder im Gehorsam gegenüber Gott erzogen, nun beinhaltete dieser Gehorsam den Weg ins Diakonissenmutterhaus.

Bei einem Pfingstjugendtreffen fiel die Entscheidung für Marburg. So traten Dorothea und Adelheid Steigerwald 1937 in das Diakonissenmutterhaus Hebron in Marburg ein. Adelheid fühlte sich sehr schnell dort wohl. Die ruhigere Dorothea hatte größere Schwierigkeiten, sich einzuleben, doch allmählich überwand sie ihre Schüchternheit und fand ihren Platz und ihre Aufgabe in der Gemeinschaft der Diakonissen. Zunächst absolvierte sie zwei Jahre lang eine Ausbildung im Erzieherinnenseminar und in Kindergarten und Hort. Anschließend arbeitete sie im Kinderheim Bethesda in Marburg. Bethesda, ein Heim für allein erziehende Mütter mit ihren Kindern, war eine Oase für Hilfsbedürftige mitten in der Zeit des Zweiten Weltkrieges, der Not und des Hasses. Die Zeit war geprägt von Angst und

Unsicherheit. Nächtliche Fliegeralarme raubten den Schlaf, materieller Mangel sorgte für Hunger und Unsicherheit. Mitten in der Kriegszeit machte Schwester Dorothea eine Zusatzausbildung als Krankenschwester am Koblenzer Krankenhaus und kehrte dann in das Kinderheim Bethesda zurück.

Mit dem Ende des Krieges waren Not und Elend nicht vorbei. Schulen wurden zu Flüchtlingslagern, überall gab es Notlazarette. Die Menschen waren ohne Hoffnung, ohne Lebensmut. Überall war Hilfe nötig. So kam ein Hilferuf aus Braubach im Diakonissenmutterhaus an. Schwester Dorothea und Schwester Adelheid erhielten die Aufgabe, dort den Kindergarten zu übernehmen. Allein schon die Reise nach Braubach war ein Abenteuer. Mangels anderer Transportmöglichkeiten schwangen sich die beiden Schwestern auf ihre wenig verkehrstauglichen Fahrräder. So hieß es nun treten, schieben, Schläuche flicken und Ketten reparieren. Nach mehreren Tagen recht abwechslungsreicher und ermüdender Fahrt kamen die beiden Diakonissen in Braubach an.

Schwester Dorothea übernahm den ehemaligen Kindergarten. Er hatte einige Zeit leer gestanden, und durchziehende Truppen hatten den Raum als Quartier genutzt. Entsprechend sah es nun hier aus. Engagiert ging Dorothea ans Werk, entrümpelte, renovierte und schaffte Ordnung. Bald fanden sich die ersten Kinder ein, und als am 8. Mai 1945 die Kapitulation Deutschlands den Krieg beendete, war der Kindergarten in Braubach längst schon in Betrieb. Es war zwar etwas mühsam: Für alles Material – waren es Nahrungsmittel, Nägel oder Schrauben – wurden Marken benötigt, aber die Arbeit im Kindergarten wuchs und gedieh. Der Pfarrer war begeistert, junge Mädchen waren bereit, mitzuarbeiten, und Gemeindeglieder halfen, wo Hilfe nötig war.

Die Zeit war ausgefüllt, und unversehens stand der Advent vor der Tür. Doch wie sollte Schwester Dorothea den Kindern Advent und Weihnachten nahe bringen? Im Kindergarten hatte sie eine alte Weihnachtskrippe aufgestöbert. Die Krippenfiguren jedoch waren ramponiert und fehlten teilweise ganz. Dorothea machte sich mit Fantasie ans Werk: Aus Knetmasse fertigte sie ein Christuskind. Auch einen Esel formte sie aus der restlichen Knetmasse. Die wunderschönen ausdrucksvollen Figuren fanden überall Beifall. Die künstlerische Begabung Dorothea Steigerwalds, die in diesen Krippenfiguren erkennbar war, rief rundum Bewunderung hervor. Für die Künstlerin jedoch war die Geschichte der Krippe in Braubach beispielhaft: Ohne das Kind in der Krippe war alles sinnlos.

Aber ich fand ein wenig Knetmasse, und kaum zu glauben, daraus entstand „mein Jesuskind".

So beschrieb sie es selbst später.

Zunächst jedoch standen andere Aufgaben im Vordergrund: die Leitung des Kindergartens, Mitarbeit im Krankenhaus und die Gestaltung des Kindergottesdienstes. Die fünf Jahre in Braubach waren für Dorothea Steigerwald erfüllte und gesegnete Jahre. Ganz langsam tastete sie sich in der wenigen freien Zeit an die ihr von Gott geschenkte Gabe des Formens und Gestaltens heran, eine Gabe, die sie ganz in den Dienst ihres Schöpfers stellte.

Die Werke meiner Hände sind Gestalt gewordener Glaube in die große, von Menschen oft so missverstandene Gottesliebe.

So drückte es Schwester Dorothea einmal gegenüber einem Journalisten aus.

Nach fünf Jahren in Braubach hieß es wieder Kofferpacken: Der Kindergarten in Styrum im Ruhrgebiet war ihre nächste Wirkungsstätte. Etwas traurig verließ Dorothea Braubach, das ihr so ans Herz gewachsen war. In Styrum öffneten sich für sie unerwartet neue Türen. Dort wurde von der Volkshochschule ein Kurs angeboten: Bilden und Gestalten in Ton. So konnte sich Dorothea Steigerwald nun unter fachlicher Beratung weiterbilden.

1961 stand wieder ein Umzug an. Dorotheas neue Aufgabe war ein Heim für schwer erziehbare Kinder in Bergzabern. Die Arbeit mit diesen Kindern, die im Leben noch so wenig Liebe erfahren hatten, war eine schwere Aufgabe. Hatte sie in Braubach und Styrum immer wieder dankbare Rückmeldungen für ihren Dienst erhalten, so waren diese Kinder, deren Leben von so viel Leid geprägt war, oft nur zu aggressiven, trotzigen Reaktionen fähig. Häufig kamen die Diakonissen an ihre Grenzen. Die Aufgabe war einfach zu schwer.

Doch Gott schenkt auch in schweren Zeiten gute Erfahrungen:

In Bergzabern entstand 1963 die weltbekannte Plastik „Bleib sein Kind". Eine Mitschwester hatte sie gebeten, für ihre Oberin zum Geburtstag eine Plastik zu gestalten. Schwester Dorothea entwarf die Figur eines Kindes, das sich vertrauensvoll in die Hand des Vaters schmiegt. Ausdrucksvoll wurde Gottes Vaterliebe dargestellt. Dorotheas Schwester Adelheid ließ Fotos von der Plastik machen. Es wurden Tischkarten und Postkarten hergestellt. Immer mehr Menschen wollten Bilder und Karten von Dorotheas Werken. Schwester Adelheid wurde der Versand allmählich zu viel, und so übernahm ein Verlag die Herstellung und den Versand der Postkarten.

1967 übernahm Schwester Dorothea die Leitung des Kindergartens in Steinbach. Der 16. September 1967 war ein schwerer Tag für sie: Morgens stand sie am Sterbebett ihres geliebten Vaters. Nachmittags wurde der Kindergarten in dem schönen Taunusstädtchen Steinbach eingeweiht.

In Steinbach fand sie einen fruchtbaren Boden für ihr künstlerisches Schaffen. Die Arbeit im Kindergarten machte viel Freude. Sie fand Anschluss an eine Gruppe anderer Künstler. Und doch vergaß sie die leidgeprüften, traurigen Kindergesichter aus Bergzabern nicht. So schlägt sich immer wieder in ihren Figuren beides nieder: Freud und Leid, Vertrauen und Angst, so wie sie es auch selbst immer wieder in ihrem Leben erfahren hatte und wie es auch in dem Lied von Cyriakus Schneegaß ausgedrückt wird:

In dir ist Freude in allem Leide, o du süßer Jesus Christ.
Durch dich wir haben himmlische Gaben,
du der wahre Heiland bist,
hilfest von Schanden, rettest von Banden.
Wer dir vertrauet,
hat wohl gebauet, wird ewig bleiben. Halleluja.
(EKG 398)

Im Februar 1977 fand im Steinbacher Gemeindezentrum eine Ausstellung einheimischer Künstler statt. Über Schwester Dorothea Steigerwald wurde dort geschrieben:

Ihre Kunstwerke entstehen an den Wochenenden. Denn an den Werktagen arbeitet die Diakonie-Schwester im Kindergarten und versucht hier mit Güte, Liebe, Verstehen und mütterlicher Wärme den Kindern gute Wege ins Leben zu weisen.

Wieder taten sich Türen auf. Die Evangelische Kirchengemeinde Steinbach bat um die Gestaltung einer Weihnachtskrippe. Die Katholische Gemeinde erteilte den Auftrag, die „Heilige Familie“ zu gestalten. Dies stellte für die Künstlerin eine besondere Herausforderung dar, sollten die Figuren doch mindestens 50 cm groß und nicht wie sonst üblich kniend, sondern stehend sein. Intensiv setzte sie sich mit der Aufgabe auseinander. Der Ton wurde geliefert. Sie formte und gestaltete. Vor ihrem inneren Auge war alles fertig. Aber der Ton machte bei diesen großen Figuren nicht mit. Josef sank in die Knie, Maria knickte in sich zusammen, die Hirten beugten sich bis zum Boden. So wurde es nichts. Schwester Dorothea wusste nicht mehr weiter. Aber: Den Seinen gibt's der Herr im Schlaf! Im Halbschlaf hatte sie den rettenden Einfall: Aus Platten formte sie Tonröhren, dic sie als Gerüst für die großen Figuren verwendete. So fanden sie Halt und blieben standhaft. Nun konnten die Figuren endlich gebrannt werden. Anbetend betrachteten an der Weihnachtsmesse die katholischen Christen in Steinbach die Heilige Familie, geformt von einer evangelischen Diakonisse.

Bald wurde Schwester Dorothea nach Marburg zurückgerufen und für ihre künstlerische Arbeit freigestellt. Viel Anerkennung wurde ihr seither zuteil. 1989 wurde ihr für ihr selbstloses Schaffen für Kinder und Kindergärten das Bundesverdienstkreuz verliehen.

Anlässlich ihres 40. Dienstjubiläums, das sie 1977 feierte, erzählte Schwester Dorothea aus ihrem Leben:

Es ging auch durch Tiefen. So leicht, wie wir es uns in der Jugend dachten, war der Auftrag nicht. Das bezieht sich auch auf die Arbeit an meinen Plastiken. Sie ist kein Hobby, sondern Gottes Auftrag an mich, mit dieser seiner Gabe zu wirken. Die Gabe des Redens habe ich nicht, aber die des Gestaltens. Nichts anderes will ich zum Ausdruck bringen: Geliebt, um zu lieben! Denn nur Beschenkte können schenken, nur Geliebte können lieben.

Ihr Lebensmotto beschrieb sie folgendermaßen:

Alles meinem Gott zu Ehre! Es kommt ja nicht darauf an, welche Gabe wir empfangen haben, sondern dass wir sie zu des Herrn Ehre und zur Freude, zum Nutzen und zum Segen unseres Nächsten einsetzen.

Zeittafel

1918	Dorothea Steigerwald wird in Duisburg geboren
1937	Eintritt ins Diakonissenmutterhaus Hebron, Marburg
1940	Examen als Erzieherin
1945	Leitung des Kindergartens in Braubach
1950	Leitung des Kindergartens in Styrum
1961	Erzieherin im Kinderheim in Bergzabern
1963	Entstehung der Plastik „Bleib sein Kind"
1967	Leitung des Kindergartens in Steinbach
1978	Rückkehr nach Marburg, Arbeit als freischaffende Künstlerin im Diakonissenmutterhaus Hebron
1989	Verleihung des Bundesverdienstkreuzes

Gedanken und Gesprächsimpulse zum Leben von Dorothea Steigerwald

„Bleib sein Kind“ heißt die wohl bekannteste Plastik von Dorothea Steigerwald. Sie entstand während der Arbeit in Bergzabern. In dieser Zeit litt die Künstlerin sehr unter der Härte und der Verschlossenheit der von ihr zu betreuenden Kinder. Ihren großen Wunsch, die Kinder mögen doch Zugang zu Gott, dem liebenden Vater, finden, drückte sie in dieser Plastik aus.

Welchen Titel würden wir dieser Plastik geben?
Was drückt die Figur für uns aus?
Welche Bibelstelle passt am besten zu dem Kunstwerk?

Josua 1,9: Siehe, ich habe dir geboten, dass du getrost und unverzagt seist. Denn der Herr, dein Gott, ist mit dir in allem, was du tun wirst.

Jesaja 43,1: Fürchte dich nicht, denn ich habe dich erlöst, ich habe dich bei deinem Namen gerufen, du bist mein.

Johannes 10,27+28: Meine Schafe hören meine Stimme und ich kenne sie, und sie folgen mir, und niemand wird sie aus meiner Hand reißen.

Bei dir, Jesu, will ich bleiben,
stets in deinem Dienste stehn;
nichts soll mich von dir vertreiben,
will auf deinen Wegen gehn.
Du bist meines Lebens Leben,
meiner Seele Trieb und Kraft,
wie der Weinstock seinen Reben
zuströmt Kraft und Lebenssaft.
Könnt ich's irgend besser haben
als bei dir, der allezeit
so viel tausend Gnadengaben
für mich Armen hat bereit?
Könnt ich je getroster werden
als bei dir, Herr Jesu Christ,
dem im Himmel und auf Erden
alle Macht gegeben ist?

Bleib mir nah auf dieser Erden,
bleib auch, wenn mein Tag sich neigt,
wenn es nun will Abend werden
und die Nacht herniedersteigt.
Lege segnend dann die Hände
mir aufs müde, schwache Haupt,
sprich: „Mein Kind, hier geht's zu Ende;
aber dort lebt, wer hier glaubt."
(EKG 406, Text von Philipp Spitta)

Karten, auf denen die Plastik „Bleib sein Kind" abgebildet ist, können beim Brendow-Verlag, Moers, erworben werden. Diese Karten können als Vorlage für eine Bildmeditation als Abschluss der Gesprächsrunde dienen.

Quelle

Bleib sein Kind, Alfred Salomon, Brendow Verlag, Moers, 1983

Bildnachweis

Seite 9
Anna Magdalena Bach (1701-1760), Gemälde von Renate Girke. Abdruck mit freundlicher Genehmigung des Brunnen Verlags, Gießen

Seite 27
Gemälde von Anna Rebecca Claudius (1754-1832) als junge Frau. Gemälde von Friedrike Leisching

Seite 45
Die Spielzeugmacherin, Gründerin der Firma „Steiff" und Erfinderin des nach dem amerikanischen Präsidenten Theodore „Teddy" Roosevelt benannten „Teddybären", Margarete Steiff (1847-1909), mit einem ihrer ersten Teddys. Rechtevermerk: picture-alliance/dpa, © dpa-Bildarchiv

Seite 59
Zeitgenössische Aufnahme der schwedischen Schriftstellerin Selma Lagerlöf (1858-1940). Rechtevermerk: picture-alliance/dpa, © dpa-Bildarchiv

Seite 75
Julia von Bodelschwingh (1874-1954). Abdruck mit freundlicher Genehmigung der v.Bodelschwingh'schen Anstalten, Bethel

Seite 91
Der evangelische Theologe und Missionsarzt Albert

Schweitzer, Friedensnobelpreisträger von 1952, am 7. Juni 1951 mit seiner Ehefrau Helene (1879-1957) in Bordeaux. Rechtevermerk: picture-alliance/dpa, © dpa-Bildarchiv

Seite 101
Undatierte Aufnahme der deutschen Sozial- und Kulturpolitikerin Elly Heuss-Knapp (1881-1952). Rechtevermerk: picture-alliance/dpa, © dpa-Bildarchiv

Seite 119
Sr. Dorothea Steigerwald (geb. 1918). Copyright by Joh. Brendow & Sohn Verlag GmbH, Moers

Seite 135
Plastik von Dorothea Steigerwald, Motiv „Bleib sein Kind". Copyright by Joh. Brendow & Sohn Verlag GmbH, Moers

Emmy Kraetke-Rumpf
Die Ärztin aus Quedlinburg
Das Leben der Dorothea Christiane von Erxleben
Bestell-Nr. 330 006
ISBN 3-86122-006-7
175 Seiten, kartoniert

„Die Bemühung, den Verstand zu schärfen, deutlich und gründlich zu denken, kann der Ausübung der häuslichen Verrichtungen nicht nachteilig sein, ja es ist eine studierende Frau desto geschickter, die Pflichten einer guten Hauswirtin und Ehegattin zu erfüllen, je gelehrter sie ist ...“

Wer ahnt heute noch den Sprengstoff, den diese Worte für die Zeit bedeuteten, in der sie geschrieben wurden? Doch ihre Verfasserin, Dorothea Christiane von Erxleben, beließ es nicht bei Worten. Alles andere als ein verbiesterter Blaustrumpf, promovierte die hübsche Quedlinburgerin im Jahr 1754 als erste Frau in Deutschland zum Doktor. Die Ärztin, Mutter und Pfarrfrau lebte ihre dreifache Berufung bis zur letzten Konsequenz ...

Ebenfalls als Hörbuch erhältlich unter:

Die Ärztin aus Quedlinburg
Bestell-Nr. 330 774
ISBN 3-86122-774-6
CD mit 74 Minuten Laufzeit

Ruth Van Reken
Briefe, die ich niemals schrieb
Bestell-Nr. 330 721
ISBN 3-86122-721-5
256 Seiten, gebunden

1951: Auf einem Flugplatz in Nigeria klettert die kleine Ruth in ein Flugzeug, das sie in ein Internat bringen wird – weit, weit weg von Papa und Mama, die als Missionare für Gott arbeiten. Und sie weint. Das ist der Auftakt eines verbissenen Kampfes, mit dem sie einen Schmerz niederzukämpfen versucht, der mit jedem Abschied von ihren Lieben tiefer geht. Jahre später: Ruth führt ein Bilderbuchleben als Missionarsfrau und Mutter. Dennoch leidet sie unter Depressionen, Wutanfällen und bohrender Kritiksucht, so sehr, dass ihr Glaube eines Tages Bankrott anmeldet.

Doch dann: „Irgendwie beugte sich Gott zu mir herunter und sagte freundlich: *Ruth, ich habe die ganze Zeit darauf gewartet, dass du endlich aufhörst zu kämpfen. Ich möchte dich in die Vergangenheit zurückführen, um dir zu zeigen, wo du Verletzungen erlebt hast ...* Ich hielt mich an Christus fest und erlebte im Rückblick all die Gefühle, die ich mir nie eingestanden hatte. Und so schrieb ich sie auf, diese *Briefe, die ich niemals schrieb ...*“

Es sind Briefe einer Reise hinter den Schmerz, wo Ruth van Reken Heilung fand. Und eine Hoffnung, die allen Menschen gilt, egal unter welcher Art von Verlust oder Verletzung sie leiden.

Anne de Graaf
Und es wird keine Nacht mehr sein
Bestell-Nr. 330 692
ISBN 3-86122-692-8
496 Seiten, gebunden

Ein Traumurlaub sollte es werden im Herzen von Afrika. Doch Miriam Vree findet sich in einem Alptraum wieder, als eine brutale Bande von Rebellen ihr alles raubt, was ihr Leben ausmacht: ihren Mann, ihren Sohn, ihre Freiheit und ihre Identität.

Ausgerechnet Kindersoldaten, die im Lager ihrer Peiniger zum Töten erzogen werden, ermöglichen ihr die Flucht aus der Gefangenschaft. Doch nicht nur ihr nacktes Leben rettet sie auf ihrer Odyssee von den Diamantenminen Namibias zu den Flüchtlingslagern Tansanias – es wird für sie auch eine Reise ans Licht. Der schlichte Glaube ihrer kindlichen Retter entzündet in ihr einen Hoffnungsschimmer für das Leben ihrer Familie.
Als die hellen Stimmen der Kinder ihre Seele an den Ort führen, wo kein Dunkel mehr ist, findet sie die Freiheit, an den Ort zurückzukehren, wo ihr altes Leben zerbrach. Auf der Suche nach den Menschen, die sie liebt, in die Höhle des Löwen ...

Basierend auf athentischen Berichten afrikanischer Kindersoldaten.

Myrna Grant
Reise im Gegenwind
Die Lebensgeschichte der Rose Warmer
Bestell-Nr. 330 665
ISBN 3-86122-665-0
288 Seiten, Taschenbuch

Eine wahre Geschichte um Mut, Glauben und die Kraft der Liebe, die keiner vergessen kann, der sie einmal gehört hat. Rose Warmer ist Jüdin und glaubt an Christus. 1944 trifft sie eine unfassbare Entscheidung: Freiwillig geht sie durch die Hölle des KZ Bergen-Belsen, um ihrem geliebten jüdischen Volk zu dienen.
Sie vertraut darauf, dass Gott auch in diesem Inferno bei ihr ist ...

Georg Gremels
Ein Mensch namens Luther
Vom Geheimnis der Wandlung
Bestell-Nr. 330 599
ISBN 3-86122-599-9
272 Seiten, gebunden

An der Schwelle zur Neuzeit stieß er das Tor zur Freiheit auf. Statt dumpfer Unterwerfung unter einen unerträglich fordernden Gott entdeckte er die „evangelische Freiheit“: eine Freiheit, die in der Freundlichkeit Gottes gründet. Darauf setzen, daran glauben ist für Luther Mitte jeder menschlichen Existenz.

In anspruchsvoll und kurzweilig verfassten Briefen an ein kritisch denkendes „Kind der Neuzeit“ konfrontiert Dr. Gremels den Leser mit diesem „Vater der Neuzeit“. Einem jungen Naturwissenschaftler versucht er so Luthers Spiritualität näher zu bringen.

Auf gänzlich unfromme Weise setzt Gremels seinem Briefpartner auseinander, welch unvermutete Energie in der kraftvollen Spiritualität Luthers steckt. Von Meilenstein zu Meilenstein führt er ihn auf einer Reise entlang der Grenzen unserer Rationaltität heim: zum Geheimnis des Glaubens und zum Staunen über einen großen Gott.

In Auszügen als Hörbuch erhältlich:

Ein Mensch namens Luther
Bestell-Nr. 330 669
ISBN 3-86122-669-3
CD mit 74 Minuten Laufzeit

Stephen Lungu/Anne Coomes
Der aus dem Schatten trat
Vom Bombenleger zum Missionar
Bestell-Nr. 330 684
ISBN 3-86122-684-7
256 Seiten, Paperback

Stephens Mutter ist 14, als sie ihn zur Welt bringt, verheiratet mit einem vierzig Jahre älteren Mann. Als Stephen mit sieben Jahren ein Alter erreicht hat, in dem andere Kinder beginnen, die Welt zu erobern, verlässt sie ihn und seine beiden kleinen Geschwister und schickt ihn auf einen Weg durch die Hölle.
Fortan füllt er seinen Magen mit dem Müll der Reichen und schläft unter den Brücken der Hauptstadt. Sein letztes Mittel im täglichen Überlebenskampf ist die Gewalt. Nur bei seinen Waffenbrüdern in der Gang der „Schwarzen Schatten" findet er Annahme, Treue und eine Religion: die Revolution. Und bald auch eine besondere Aufgabe, das Bombenwerfen. Als ein Evangelist in die Stadt kommt, hat er endlich ein spektakuläres Ziel. Ein Inferno bahnt sich an, als er mit seinen Benzinbomben das Zelt betritt ...
Was dann kommt, ist fesselnder als ein Thriller.

Ebenfalls als Hörbuch erhältlich unter:

Der aus dem Schatten trat
Bestell-Nr. 330 691
ISBN 3-86122-691-X
CD mit 74 Minuten Laufzeit

Lotte Bormuth
Fröhlich soll mein Herze springen
Aus dem Leben von Paul Gerhardt
Bestell-Nr. 330 735
ISBN 3-86122-735-5
112 Seiten, kartoniert

Seit 350 Jahren sind seine Worte aus keinem evangelischen Gesangbuch mehr wegzudenken: Paul Gerhardt, der begnadete Liederdichter.

Von der Wiege bis zum Grab – von *Breit aus die Flügel beide* ... bis zu ... *wer so stirbt, der stirbt wohl* – gibt es keine Erfahrung im Leben eines Christen, die Gerhardt nicht in kostbare seelsorgerliche Worte gefasst hätte. Liedtexte von einer so unerhörten Tiefe konnte nur ein Mensch formulieren, dem nichts erspart geblieben ist im Leben: vom frühen Tod der Eltern über die Schrecken der Pest und des dreißigjährigen Krieges bis zu dem Leid, das ihn mit dem frühen Tod von vier Kindern und seiner Ehefrau geradezu regelmäßig heimsuchte.

Warum dieser Mann dennoch voller Glaubenszuversicht über „die güldne Sonne, voll Freud und Wonne" jubeln konnte, dieser Frage geht Lotte Bormuth in diesem ergreifenden Lebensbild auf den Grund.

Lotte Bormuth
Geprägt von Liebe
Das Leben des Fritz von Bodelschwingh
Bestell-Nr. 330 507
ISBN 3-86122-507-7
102 Seiten, kartoniert

Euthanasie – eine der Geißeln des Dritten Reiches. Mit der Genforschung unserer Tage kommt dieses Thema wieder auf die Tagesordnung: Was darf an einem Fötus nicht fehlen, wenn er überleben soll? Was sagt Gott zu einem Auswahlverfahren dieser Art? Bodelschwingh, der Leiter der gleichnamigen Anstalten in Bethel, hat diese Fragen unter Einsatz seines Lebens beantwortet: Keiner seiner geliebten Schützlinge wurde im Dritten Reich in die Gaskammern abgeholt. Lotte Bormuths erschütterndes Lebensbild rückt Maßstäbe zurecht.

Lotte Bormuth
Spurgeon
... und er predigte in Vollmacht
Bestell-Nr. 330 644
ISBN 3-86122-644-8
112 Seiten, Paperback

Spurgeon, der Predigerfürst: Mit 16 predigte er das erste Mal. Mit seinem Dienst trat die Frohe Botschaft 1850 einen Triumphzug durch das viktorianische Empire an. Lotte Bormuth zeigt die Möglichkeiten, die sich dem hingebungsvollen Dienst eines Gemeindehirten bieten.

Lotte Bormuth
Dostojewski
Dichter, Denker, Christ
Bestell-Nr. 330 645
ISBN 3-86122-645-6
160 Seiten, Paperback

Dostojewski setzt der Niedertracht des Menschen die Macht Jesu entgegen. Keiner hat den großen russischen Schriftsteller so fasziniert wie Jesus. Lebensnah und bewegend erzählt die Autorin von Höhen und Tiefen im Leben des großen Dichters.

Lotte Bormuth
Geschichten, die das Herz bewegen
Bestell-Nr. 330 646
ISBN 3-86122-646-4
224 Seiten, gebunden

Von den Ereignissen, aus denen die großen Aufmacher der Tageszeitungen geschnitzt werden, bis zu den alltäglichen Begebenheiten unseres Lebens ... Zahllos sind die Schicksale, die in unendlichen Facetten eine entscheidende Menschheitserfahrung widerspiegeln: Es geht kein Mensch über die Erde, den Gott nicht liebt.

• Da ist die bewegende Lebensgeschichte von Renate, die als Kind adoptiert wurde und noch immer unter der Ablehnung ihrer leiblichen Mutter leidet – bis ein Bibelvers ihr Leben trifft und ihr Trost schenkt ...

• Da ist die junge deutsche Flüchtlingsfrau, die keinen Platz mehr findet auf dem letzten Evakuierungsschiff und sich von Gott verlassen glaubt. Bis sie vom Untergang der *Gustloff* hört ...

• Da sind auch die täglichen Zweifel und Durchbrüche, Lerneinheiten und Bewahrungen, die ein Leben mit Gott so lebenswert machen ...

Ob sie uns zu Tränen rühren oder zum Schmunzeln reizen – in Lotte Bormuths Geschichten erkennen wir uns wieder und den Gott, der unser Leben so liebevoll in seinen Händen hält.